Armin Kaufmann

Der Schrei nach Liebe

Armin Kaufmann

Der Schrei nach Liebe

Mein Weg vom Dunkel ins Licht

Verlag Lebensreise

Impressum / Imprint
Bibliografische Information der Deutschen Nationalbibliothek: Die Deutsche Nationalbibliothek verzeichnet diese Publikation in der Deutschen Nationalbibliografie; detaillierte bibliografische Daten sind im Internet über http://dnb.d-nb.de abrufbar.

Bibliographic information published by the Deutsche Nationalbibliothek: The Deutsche Nationalbibliothek lists this publication in the Deutsche Nationalbibliografie; detailed bibliographic data are available in the Internet at http://dnb.d-nb.de.

Coverbild / Cover image: www.ingimage.com

Verlag / Publisher:
Verlag Lebensreise
ist ein Imprint der / is a trademark of
OmniScriptum GmbH & Co. KG
Heinrich-Böcking-Str. 6-8, 66121 Saarbrücken, Deutschland / Germany
Email: info@verlag-lebensreise.de

Herstellung: siehe letzte Seite /
Printed at: see last page
ISBN: 978-3-639-63509-6

Der Schrei nach Liebe

Inhalt

Der Schrei nach Liebe

Der Schrei nach Liebe

Der Schrei nach Liebe

Die Namen der erwähnten Personen wurden geändert.

Vorwort von Armin Kaufmann

Dass dieses Buch zustande kam, liegt in erster Linie an der überaus reichen Gnade unseres Herrn Jesus Christus. Ich danke meinem Gott dafür, dass er mein Leben so geführt hat, dass ich heute mit ihm leben darf.

Aber ich möchte hier nicht versäumen zu erwähnen, dass sich auch sehr liebe und wertvolle Menschen eingebracht haben – mir liebgewonnene Freunde, die mich dazu ermutigt haben, mein Leben niederzuschreiben und zu veröffentlichen. Durch die treue Mitarbeit dieser Menschen halten Sie jetzt dieses Buch in den Händen. Ein Buch, das Menschen helfen oder sie ermutigen soll, dass es einen Weg aus jeder Hoffnungslosigkeit gibt! Und dieser Weg heißt Jesus Christus.

> *Ich bin der Weg, die Wahrheit und das Leben.*
> *Die Bibel, Johannes-Evangelium 14,6*

Diesen Bericht über mein Leben habe ich aus meiner eigenen Sicht aufgezeichnet. Ich möchte damit keinesfalls irgendeine Person meiner Familie oder meines Bekanntenkreises schaden. Doch ich möchte denjenigen helfen die ähnliches erleben, wie ich es erleben musste.

Es gibt einen Weg aus der Sucht.

Es gibt einen Weg aus jeder Hoffnungslosigkeit.

Ich schaue nochmals zurück auf die letzten 51 Jahre meines Lebens. Noch einmal betrachte ich die Tiefen und Höhen, die traurigen und schmerzvollen, aber auch die schönen Zeiten und Tage meines Daseins.

Ein Herz, das nach Liebe schreit

Ich kann mich an die ersten sieben Jahre meines Lebens nicht erinnern. Sie sind einfach weg, als hätte es diese Jahre nie gegeben.

Wieder so ein Abend, an dem mein Vater betrunken von der Arbeit kam. Es ist wie an jedem Abend. Er kommt und ist betrunken. Oft habe ich erlebt, dass er meine Mutter geschlagen hat. Sie wiederum ließ ihren Frust und Ärger an mir und meinen Geschwistern raus. Sie hatte ihre Lieblingskinder, machte da sehr große Unterschiede.

Ich gehörte leider zu den Kindern, die nicht gewollt oder geliebt waren. Das machte sich dann auch bald bemerkbar: Ich fing an, ins Bett zu nässen. Dadurch lehnte mich meine Mutter noch mehr ab und verdrosch mich mit irgendwelchen Gegenständen wie z. B. Kochlöffel, Gürtel, Handfeger oder Kehrbesen. Man kann sich vorstellen, wie ein siebenjähriger Junge darauf reagierte. Ich schrie meinen Schmerz nur so aus mir raus mit der Bitte, sie solle aufhören.
Ich versprach ihr unter den Schlägen, die ich empfing, nie wieder ins Bett zu machen, was natürlich Blödsinn war. Ich war nun mal Bettnässer. Daran konnte nicht mal ich was ändern.

Wir werden alle abtransportiert

Wie reagiert ein Kind, das morgens um halb sechs in der Früh von einer fremden Frau geweckt wird und mit ansehen muss, wie die Geschwister und es selbst in verschiedene VW-Busse verfrachtet und von der Mutter getrennt werden?

Ich verstand die Welt nicht mehr, als ich morgens von dieser fremden Frau geweckt wurde und es hieß, wir kämen alle ins Heim. Mein Vater war schon auf der Arbeit (damals hatte er noch seine Stelle als (Rollladenbauer) und meine Mutter stand in der Küche. Unter Tränen kämmte sie uns Kindern die Haare. Als wir alle fertig gerichtet waren, wurden wir in die zwei VW-Busse gesteckt und ab ging es ins Kinderheim nach Wilhelmsdorf.

Es war eine lange Fahrt. Ich wohnte damals in Stuttgart-Obertürkheim. Zum Frühstück gab es nicht mehr frische Bananen. Irgendwie konnte ich mich ja freuen, denn ich war der Gewalt meiner Mutter entronnen.

Ich fühlte mich so allein, obwohl meine Geschwister dabei waren. Was würde kommen, fragte ich mich selbst. Ich wusste es nicht. Ich hatte einfach nur Angst.

Ein neuer Ort, ein neues Zuhause

Endlich im Kinderheim angekommen, wurden wir auch schon getrennt. Meine Schwestern kamen in ein anderes Haus, Walter, Paul und ich auf die gleiche Gruppe. Thorsten kam in den Ort. Dort befand sich noch mal ein Kinderheim – das Hoffmannshaus.

Wie ich die erste Zeit reagierte, weiß ich nicht mehr. Ich weiß auch nicht, was ich getan habe. Ich kann mich noch daran erinnern, dass wir an einem Sonntagmorgen Schläge bekamen, weil wir zu laut waren. Der Erzieher fühlte sich wohl in seinem Schlaf gestört.

Aber ich erlebte im Kinderheim auch schöne Tage. Das Schönste für uns Kinder war es immer, wenn wir Kinderfest hatten.

An Weihnachten verwöhnte uns unser Heimleiter immer: Bevor es in die Ferien nach Hause ging, bekamen wir immer etwas Süßes.

Mir wurde es jedes Mal schlecht, wenn ich wusste, dass es nach Hause ging, denn ich hatte vor meinen Eltern fürchterliche Angst. Ich war ja immer noch Bettnässer, obwohl ich schon fast neun Jahre alt war.

Warum nur lebe ich???

Wie gesagt, mussten wir zu den Ferien immer nach Hause zu den Eltern. Wir wurden eigentlich nie gefragt, ob wir überhaupt wollten. Man hatte zu gehen. So ging ich mit meinen Geschwistern zu den Menschen, die keine Liebe für mich hatten, die mich eigentlich gar nicht wollten.

Es war ein Tag, den ich nicht so schnell vergessen werde – mein Vater war schon längst arbeitslos und widmete sich die meiste Zeit seinem Alkohol, als ich wieder mal ins Bett machte. Das Zimmer, in dem wir schliefen, wurde durch einen Vorhang aufgeteilt. Meine Eltern schliefen auf der linken Seite und auf der rechten Seite stand ein Stockbett, in dem meine Schwestern, mein Bruder Thorsten und ich schliefen. Ich saß auf dem Bettrand und hatte Angst, ins Wohnzimmer zu gehen – denn ich hatte ja ins Bett gemacht. Meine Mutter kam ins Schlafzimmer und ging auf mich zu. Sie fragte mich: „Hast du schon wieder ins Bett gemacht?" Ich gab ihr aus Angst keine Antwort, worauf sie die Bettdecke wegzog und sich selbst davon überzeugte, ob das Laken nass war oder nicht. Sie sah natürlich, dass nicht nur das Laken nass war, sondern auch die Decke. Sie packte mich daraufhin mit beiden Händen an den Haaren und schüttelte mir immer wieder den Kopf. Dabei schlug sie mir mehrere Male mit der flachen Hand ins Gesicht. Sie packte mich wieder an den Haaren, zog mich so mit dem Gesicht auf das nasse Laken und drückte es in die Nässe. Mir liefen nur die Tränen herunter. Ich dachte bloß: Hoffentlich ist es bald vorbei. Aber anscheinend reichte ihr das nicht. Sie umschloss meinen Hals mit ihren Händen und drückte mir die Luft ab.

Ich dachte: Warum lebe ich überhaupt, wofür lebe ich? Nach einer Weile kam meine Schwester Inge ins Zimmer und sah, dass meine Mutter versuchte, mich zu erwürgen. Ich weiß nicht, wie sie dies mitbekam. Aber durch ihr Handeln blieb ich am Leben. Dies war das schlimmste Erlebnis dieser Ferien.

Ich fing an, diese Frau zu hassen. Für mich galt sie nur als die Frau, die mich geboren hatte. Sonst hatte sie für mich keine Bedeutung.

Meine Jugend

Das Bettnässen wurde nicht besser. Aber zumindest bekam ich im Kinderheim nicht die Prügel, wie ich sie zu Hause bei diesen Menschen bekam.

Ich war etwa 13 Jahre alt und immer noch im Kinderheim. Wie zuvor mussten wir in den Ferien zu den Eltern.

Bis zu diesem Zeitpunkt kannte ich keine Zärtlichkeit. Ich wusste nicht, was es heißt, geliebt zu werden. Meine Eltern hatten in ihrem Schlafzimmer ein Heft, worin ein Paar abgebildet war, das verschiedene Stellungen zeigte. Meine Schwester Inge kam mit diesem Heft nun zu mir, und zeigte es mir. Dabei sagte sie zu mir: „Lass uns das mal ausprobieren." Ich war so nach Liebe und Zärtlichkeit ausgehungert. Und ihr erging es vermutlich genauso. Dies war ein Grund für uns, miteinander zu schlafen. Ich weiß nicht, was in diesem Moment in mir vorging. Sie war ja meine Schwester. Aber ich glaube, dass ich mir nicht wirklich Gedanken darüber gemacht habe und somit meiner Schwester und mir selbst größere seelische Wunden zugefügt habe, als ich mir je vorstellen konnte. Dies war auch das einzige Mal, dass so etwas passierte.

In dieser Zeit fing ich das Rauchen an. Ich wollte irgendwo dazu gehören. Ich dachte, dass Rauchen cool und ich dadurch ein Mann sei. Das waren meine Gedanken als 13-Jähriger. Ich rauchte damals schon 20 Zigaretten täglich. Natürlich durfte das niemand wissen. Meine Eltern hätten mich umgebracht.

Ein Jahr später, ich war etwa 14 Jahre alt, hatte mein Bruder Thorsten einen Fahrradunfall. Er wurde ins Krankenhaus eingeliefert. Oberhalb des rechten Knöchels hatte er eine Wunde, die man ihm herausgeschnitten hatte. Die Ärzte behandelten ihn falsch, sodass er fast gestorben wäre. Sie übersahen, dass Thorstens rechtes Hüftgelenk durch den Unfall beeinträchtigt war. Es vereiterte sich. Mein Vater ging nun aufs Jugendamt und setzte durch, dass man ihn nach Ludwigsburg verlegte. So kam Thorsten von Ravensburg nach Ludwigsburg.

Der Liebhaber meiner Mutter

Mein Vater wusste jedoch nicht, dass meine Mutter sich in den Mann verliebte, der im selben Zimmer lag wie Thorsten. Wir anderen Kinder waren immer noch im Kinderheim, aber irgendwann schaffte es mein Vater, ein Haus in Miete zu finden, das für alle reichte, um dort zu wohnen. Es war sogar noch ein Zimmer frei. Und dies sollte später dieser Mann bekommen. Als meine Eltern diesen Mietvertrag bekamen, wurden wir in den Sommerferien für immer nach Hause geschickt. Für mich war es der Anfang der Hölle, denn mein Bettnässen war nicht besser geworden. Ich machte fast jeden Tag ins Bett und jedes Mal bezog ich Prügel mit dem Gürtel, Kehrbesen, Handfeger oder Kochlöffel.

Es kam ein Tag, an dem ich wieder einmal ins Bett machte. Aus lauter Angst zündete ich meinen Holzofen an, um die Matratze zu trocknen. Ich wusste ja, was passieren würde, wenn meine Mutter es erfahren würde, dass ich schon wieder ins Bett gemacht hatte. Ich machte also Feuer in dem Ofen und stellte die Matratze auf den Ofen. Ich dachte nicht daran, dass die Matratze vielleicht umfallen könnte – was dann auch passierte. Nun hatte ich den Holzofen so angeheizt, dass das Ofenrohr glühte. Ich saß oben im Wohnzimmer und Paul kam herauf und sagte nur: „Im Zimmer von Armin brennt eine Matratze." Ich ging schnell in mein Zimmer und löschte diese Matratze. Aber sie war so verbrannt, man konnte es nicht verheimlichen. Meine Mutter war bei ihrem Liebhaber, was jetzt täglich vorkam. Sie gab immer vor, Thorsten zu besuchen. Aber in Wirklichkeit ging sie zu ihm.

Ich glaube, Thorsten war ihr so egal, wie die meisten ihrer Kinder. Ich bekam daraufhin, weil ich diese Matratze verbrannte, so Prügel von ihr, als sie wieder nach Hause kam.

Meine Gefühle zu ihr verwandelten sich in absoluten Hass. Ich hasste diese Frau. Ich konnte sie nicht als meine Mutter sehen.

Der Tod eines verlassenen Mannes

Inzwischen trank mein Vater immer mehr. Er war kaum noch zu Hause. Er kochte sonntags das Mittagessen und putzte unsere Schuhe. Danach ging er für den ganzen Tag und Abend ins Lokal, um sich volllaufen zu lassen. Das Geld war knapp. Meine Mutter machte ihm den Vorschlag, den Mann, der bei Thorsten im Zimmer lag, als Untermieter zu nehmen. Natürlich wusste mein Vater nicht, dass seine Frau ihn schon seit längerem betrog. Mein Vater sah nur das Geld – und somit nahm alles seinen Lauf. Der Typ – der später auch mein Stiefvater wurde – zog also zu uns ins Haus. Ich weiß noch: Meine Brüder Walter und Thorsten warnten meinen Vater, aber er ließ sich nicht beeinflussen. Er sah nur seine Sicht.

So hatte meine Mutter ihren Spielgefährten bei sich und wir Kinder mussten mit ansehen, wie unsere Familie auseinanderbrach. Eigentlich waren wir gar keine Familie. Es herrschte doch nur häusliche Gewalt. Meine Mutter bezog immer mehr Prügel von ihrem Mann. Es war oft so schlimm, dass sie mit blauen Augen aus dem Haus ging. Ich versuchte immer, so früh wie möglich schlafen zu gehen, nur um nicht an ihrem Leben teil zu haben.

Eines Abends, ich war schon im Bett, hörte ich, wie meine Eltern sich stritten. Den genauen Verlauf des Streites konnte ich nicht verstehen. Ich wusste nicht, um was es ging und wer mit wem stritt. Auf einmal stürmte mein Vater in mein Zimmer und beauftragte mich, mich aufs Fahrrad zu setzen und den Notarzt zu holen. Zu diesem Zeitpunkt wusste ich nicht, was passiert war. Aber eines wusste ich: dass es nicht harmlos war. Nachdem ich den Notarzt gerufen hatte, fuhr ich wieder nach Hause. Ich wollte wissen, was passiert war. Ich betrat das Wohnzimmer. Meine Schwester Ramona saß auf dem Boden und hob sich ein Handtuch vors Gesicht. Ich sah Blut. Was war hier geschehen? Sie sagte immer: „Ich sehe nichts, ich sehe nichts." Mir schossen die Tränen in die Augen. Ramona war meine Lieblingsschwester. Sie hatte mich irgendwie großgezogen. Und nun saß sie da und schrie vor Schmerzen. Was hatte mein Vater in seinem Rausch getan? – Er hatte Ramona ein Weinglas ins

Gesicht gedrückt, sodass es ihr das Gesicht zerschnitt.
Nach diesem Vorfall zogen meine Mutter mit ihrem Liebhaber und Ramona aus. So waren wir nun mit diesem Mann alleine. Er ging wie immer seinem Alkohol nach und ließ uns alleine zurück.
Am 22. Oktober 1975 erhängte sich mein Vater auf dem Dachboden. Er hatte den Kampf verloren – und auch seine Frau sowie seine Kinder, denn wir wurden nach diesem Vorfall wieder ins Heim gebracht.

Für mich brach eine Welt zusammen

Nach dem Selbstmord meines Vaters kamen wir einen Monat später wieder ins Kinderheim. Für mich war diese Situation schwierig. Ich konnte nicht damit umgehen. Zum ersten Mal sah ich einen Toten – und das war auch noch mein eigener Vater.
Ich fühlte mich von ihm im Stich gelassen. In diesem Moment gab ich meiner Mutter die Schuld an seinem Tod. Für mich brach eine Welt zusammen.
Ich weiß noch, dass ich am Todestag davonlief. Als ich so lief, begegnete mir mein Religionslehrer, den ich überhaupt nicht leiden konnte. Er erzählte mir immer was von Jesus. Aber diesmal war ich froh, ihn zu treffen. Ich erzählte ihm, was passiert war. Er nahm mich mit zu sich und wir beteten zusammen. Bei diesem Gebet empfand ich überhaupt nichts. Ich wollte einfach nicht mehr so weiterleben. Es kam der Tag, als wir wieder ins Kinderheim fuhren. Ich nahm das überhaupt nicht wahr. Als meine Geschwister und ich wieder im Heim waren, war ein neuer Heimleiter anwesend. Er kannte uns nicht und konnte daher für meine Situation kein Verständnis aufbringen. Ich lief ständig weg, schlief im Freien, selbst bei Minustemperaturen. Irgendwann wurde ich dann der Polizei übergeben und die brachten mich in die Jugendpsychiatrie. Man versuchte, mich wieder ins Kinderheim einzugliedern, aber dies scheiterte. So brachte man mich zurück in die Klinik. Jetzt war ich für immer von meiner Familie getrennt. Ich hatte es mir selbst verbaut. Jetzt war ich alleine,

dabei wollte ich doch nur zu jemandem gehören.

Frei und doch gefangen

Als ich wieder in die Klinik gebracht wurde, suchte man mir einen Platz, wo ich bleiben konnte. Nach drei Monaten wurde ich in eine Einrichtung für psychisch Kranke gebracht. Ich wusste schon lange, dass ich nicht gesund war. Ich hatte psychische Probleme, aber keiner nahm sich mir wirklich an. Ich wurde von einer Hand in die andere gegeben. Sollte das wirklich das Leben sein? Angekommen in der neuen Einrichtung, kam ich auf die Neurologie. Auch hier wurden die Türen verschlossen. Ich war wieder ein Gefangener.

Inzwischen war ich 15 Jahre jung und kein Bettnässer mehr. Ich war endlich frei von dieser Sache. An meine Mutter dachte ich nicht mehr. Sie gab es für mich nicht mehr. Auch an meine Geschwister dachte ich nicht mehr. Ich fing an, mich an die neue Situation zu gewöhnen. Ich wurde in einen Arbeitsbereich gesteckt, um beschäftigt zu sein. Dies war ein Teil der Therapie, wie man mir sagte. Ich fing erst in der Malerei an, aber nach einer geräumigen Zeit hatte ich dazu keine Lust mehr. So kam ich in einen Bereich, in dem man Stühle flocht.

Irgendwann kam ein neuer Pfleger auf unsere Station. Dieser nahm mich mit nach Lahr in eine andere Einrichtung. Dort machte ich mit fast 16 Jahren meine zweite sexuelle Erfahrung. Ich konnte nach diesem Vorfall nicht einschlafen. Es dauerte ewig, bis mir die Augen vor Müdigkeit zufielen.

Nach fast zwei Jahren Klinikaufenthalt wurde ich zu meiner Mutter und meiner Schwester Ramona entlassen.

Ein Leben ins Ungewisse

So zog ich zu meiner Schwester Ramona in ihre Zwei-Zimmer-Wohnung. In dieser Wohnung lebten Ramona, meine Mutter, ihr Liebhaber Theo, Walter und ich. Ich war inzwischen schon 17 Jahre alt und musste mir Arbeit suchen, denn ich hatte ja nichts gelernt. Meine Mutter meinte immer nur: Wenn ich nichts lernen würde, wäre ich ein

Idiot. In Wahrheit ging es ihr nur ums Geld. Sie hatte kein Interesse, dass aus ihren Kindern was wird. Und mir war es, ehrlich gesagt, auch egal. So machte ich mich auf den Weg, um Arbeit zu finden.
Es kam auch immer wieder vor, dass ich für sie Besorgungen machen musste. So mussten ich und Theo irgendwann von Backnang nach Sulzbach/Murr zu unserem Hausarzt, um für sie Tabletten zu holen. Wir fuhren per Anhalter. Ein Motorrollerfahrer hielt an und fuhr uns beide nach Sulzbach, erst Theo und dann mich. Wir wussten beide nicht, dass dieser Mann homosexuell war. Das sollten wir erst erfahren, als er uns in seine Wohnung nach Stuttgart einlud.
Wie gesagt, ich nahm immer wieder Hilfstätigkeiten an, aber ich hielt es nie lange aus. Ich wollte einfach nicht arbeiten. Mir war das alles zu anstrengend. Ich hatte dafür keine Kraft. So war ich immer wieder arbeitslos und hängte nur rum.
Meine Schwester Ramona hatte einen Schäferhund namens Rex. Mit ihm ging ich immer raus. Mit der Zeit hörte er mehr auf mich, als auf seine Besitzerin. Wir zogen aus der kleinen Wohnung in eine größere. So lebten wir in einer kleinen Stadt. Dort fand ich auch immer wieder Arbeit.
Theo und ich fuhren zu diesem Mann, der uns mit seinem Roller mitgenommen hatte. Bei ihm angekommen, setzte er sich auf die Lehne des Sofas neben Theo. Er fing an, Theo an seinen Genitalien zu berühren. Theo sagte ihm, dass er es nicht wolle. Dann kam er zu mir. Aber ich traute mich nicht, Nein zu sagen, und so ließ ich es geschehen. Theo sagte kein Wort zu mir, auch nicht auf dem Nachhauseweg. Ich suchte dann immer wieder den Kontakt zu diesem Mann. Bei ihm fand ich die Liebe und Annahme, nach der ich mich so sehr sehnte. Ich fing an, mich von ihm lieben zu lassen, und verbrachte viele Wochenenden bei ihm. Aber irgendwann schwieg Theo nicht mehr. Er sagte es meiner Familie. Ramona redete mit mir und sagte: „Es ist dein Leben, Armin. Wenn du meinst, du würdest so glücklich werden.“ Aus mir platzte es heraus. Ich weinte und sagte ihr, dass ich es doch nicht wollte, mich aber nicht traute, Nein zu sagen. Sie half mir, dies zu beenden und fuhr mit Theo zu diesem Mann. Was

dort geschah, habe ich nie erfahren.

Mit 19 Jahren bin ich dann von Zuhause abgehauen, weil ich mich mit meiner Schwester Inge gestritten hatte. Ich stoppte nach Karlsruhe zu meiner Jugendfreundin aus der Jugendpsychiatrie. Dort verbrachte ich einige Zeit. Ich bekam ein Zimmer und eine Stelle im Straßenbau. Aber meine Einstellung zur Arbeit hatte sich nicht geändert. So machte ich nach vier Wochen krank und bekam als Quittung die Entlassung. Kurze Zeit später verlor ich auch mein Zimmer. So kam es, dass ich letztendlich im Obdachlosenheim landete. Aber damit wollte ich mich nicht abgeben, denn ich war meiner Meinung nach nicht so weit unten. Ich war wieder auf der Suche nach Arbeit und ging aufs Arbeitsamt. Irgendwann wurde ich von meinem Sachbearbeiter sexuell missbraucht. Das führte dazu, dass ich Mauern um mich baute. Ich wollte mich nie wieder verletzen lassen.

Ich ließ mich dann von einem Schaustellerbtrieb anheuern und konnte somit aus dem Obdachlosenheim ausziehen. Jedoch war ich nicht lange in diesem Unternehmen. Es war eine harte Herausforderung. Ich kam mit dieser Tätigkeit nicht klar. Nach kurzer Zeit haute ich von dort ab und ging zurück nach Karlsruhe. Dort wieder angekommen, wendete ich mich erneut ans Obdachlosenheim, aber es war kein Bett frei. So musste ich die Nacht bei Minusgraden im Freien verbringen. Ich lief die Nacht durch und irgendwann war es so kalt, dass ich nicht merkte, dass ein Auto neben mir hielt. Der Fahrer machte die Beifahrertür auf und fragte mich, ob ich mitfahren wollte. Ich stimmte natürlich zu. Ich wollte nur noch in ein warmes Zimmer. Mir war in diesem Moment nicht klar, was auf mich zukommen sollte. Als wir bei diesem Menschen in der Wohnung waren, merkte ich, dass es nur ein Bett gab. Ich war gezwungen, bei ihm im Bett zu schlafen. In dieser Nacht erlebte ich meinen dritten Missbrauch. Wieder wurde ich so tief verletzt. Ich dachte in diesem Moment an nichts. Ich hoffte nur, dass es bald vorbei wäre. Am nächsten Morgen ging ich aus der Wohnung des homosexuellen Mannes und stand wieder in der Kälte. Ich hatte einfach keine Kraft mehr.

Ich überlegte mir, wie ich aus diesem Schlamassel herauskommen könnte. So kam ich auf die Idee, einen epileptischen Anfall vorzutäuschen. Mir war in diesem Moment alles egal. Ich wollte nur ein warmes Bett und etwas zu essen. So wurde ich in das örtliche Krankenhaus eingeliefert. Dort wurde ich wieder aufgepäppelt. Der zuständige Arzt setzte sich mit meiner Mutter in Verbindung und sorgte dafür, dass ich abgeholt werden sollte. Jedoch bekam ich dies mit und haute auch von dort ab. Ich wollte einfach nicht mehr zu diesen Menschen, die mich sowieso nicht liebten.

Eine neue Herausforderung

So ging ich in das Stadtzentrum und stellte mich in die Fußgängerzone. Plötzlich wurde ich angesprochen. Man wollte mir einen Vertrag anbieten. Jedoch erklärte ich, dass ich kein Geld hätte. So wurde mir eine Arbeit in einer Drückerkolonne angeboten. Ich dachte mir: Das ist immer noch besser als auf der Straße. So ging ich mit diesen Menschen mit. Ich warb für einen Verlag neue Kunden, was nicht legal war, da es keine Genehmigung gab.

Ich hatte endlich ein warmes Bett und ein regelmäßiges Essen. Wir fuhren in verschiedene Städte und versuchten, Verträge unter die Leute zu bringen. Ich war etwa ein halbes Jahr oder sogar noch kürzer in dieser Kolonne, als ich in dieser Zeit Elena kennenlernte. Ich sprach sie an und wollte sie als neue Kundin gewinnen. Sie entschied sich, keinen Vertrag zu unterschreiben, aber sie fing bei uns an zu arbeiten. Am ersten Abend verliebte ich mich in Elena und lud sie zum Essen ein. Gleich in der ersten Nacht schliefen wir zusammen. Ich sehnte mich so sehr nach Liebe und Zärtlichkeit. So waren wir ab dem Zeitpunkt ein Paar. Endlich hatte ich einen Menschen, der mich – so glaubte ich wenigstens – liebte. Es kam die Zeit, dass wir nach Krefeld fuhren, um auch dort Verträge abzuschließen.

Dort angekommen, machten wir uns an die Arbeit. Wir sprachen die Leute auf der Straße an. Ich schloss meine Verträge, aber Elena hatte enorme Schwierigkeiten, auch nur einen Vertrag abzuschließen. Unserem Leiter missfielen die Leistungen von

Elena. Er wollte sie rausschmeißen. Ich drohte ihm an: Wenn er das machen würde, würde auch ich gehen. Ich sagte ihm, dass wir ein Paar seien. Ich musste dafür sorgen, dass sie Verträge abschloss. So gab ich ihr jeden Abend von meinen Verträgen. Eines Abends, ich war mit Elena in einem Kaufhaus, um uns zu wärmen, wurde sie von zwei Indern gesehen. Elena hatte eine Leidenschaft: Sie stand auf schwarzhaarige Männer. Sie wurde von ihnen gesehen, angemacht und ließ sich darauf ein. Ihr war es egal, dass ich dabei war. Das Schlimmste für mich war, dass sie mit ihnen mitging.

Ich schlief wie ein Hund neben dem Sofa

Bei den Indern angekommen, merkte ich, dass Elena schon mit einem dieser Männer im Zimmer war. Ich hörte, was sich drinnen abspielte. Der andere forderte mich auf, mit ihm zu McDonalds zu gehen und Essen zu kaufen. Als wir zurückkamen, kam der eine raus und der andere ging hinein. Ich hatte keine Möglichkeit, in das Zimmer zu kommen. Erst als sie mit beiden geschlafen hatte, wurde mir der Zugang gewährt. In mir zerbrach alle Hoffnung.

Ich weiß nicht, ob ich geheult habe. Aber ich fragte sie: „WARUM NUR???“ Ich bekam keine Antwort – und das Schlimmste sollte noch kommen.

Ich wollte einfach nicht wieder alleine sein. Deshalb entschloss ich mich, bei ihr zu bleiben und auf dem Boden zu schlafen wie ein Hund. So hörte ich jeden Abend, wie sie mit einem dieser Inder Sex hatte. Ich hörte jede Nacht dieses Gestöhne.

Nach drei Wochen konnte und wollte ich nicht mehr. Ich sagte zu ihr: „Elena, ich liebe dich. Aber du musst dich entscheiden: Entweder er oder ich.“ Natürlich hatte sie sich für ihn entschieden. In mir brach eine Welt zusammen. Ich hatte betrogen und wurde selbst betrogen.

Wieder stand ich auf der Straße. Ich ging zu diesem Kaufhaus, weil ich dort einen Mann, der CDs verkaufte, kennengelernt hatte. Er nahm mich mit zu sich. Dort erlebte ich nochmals einen Missbrauch. Ich überlegte mir, was ich tun könnte. Ich entschloss mich, meinen Onkel und meine Tante (Schwester meines Vaters) in Stuttgart aufzusuchen. Tage zuvor hatte ich einen psychogenen Krampfanfall vorgetäuscht, um die Aufmerksamkeit auf mich zu lenken, wodurch ich eine Infusion in den linken Arm bekam. Diesen Einstich benutzte ich, um eine Unterkunft zu bekommen. Ich fuhr per Anhalter nach Stuttgart und ging zu meinen Verwandten. Ich gab an, drogenabhängig zu sein. Natürlich glaubte mir mein Onkel nicht – er wollte den Einstich sehen. Ich zeigte ihm daraufhin den Einstich der Infusion.

Dies reichte ihm, um mich zu einem Arzt zu bringen. Dieser wies mich sofort in die Psychiatrie des Bürgerhospitals ein. Der Schwindel flog natürlich auf. Man behielt mich dennoch in der Klinik und ich erklärte dem Arzt, was vorgefallen war. Man suchte mir eine Einrichtung für psychisch Kranke. Dort angekommen, haute ich aber nach kurzer Zeit wieder ab – zurück ins Bürgerhospital. Dort nahm man mich kurz auf und brachte mich in das Wohnkolleg Sindelfingen, wo ich mich in ein anderes Mädchen verliebte. Aber nach kurzer Zeit war alles zu Ende. Daraufhin versuchte ich, mir mit Schmerztabletten das Leben zu nehmen.

Und wieder ging es ins Bürgerhospital. Ich fing an, mich dort Zuhause zu fühlen. Ich wollte nicht mehr weg. Endlich hatte ich einen Ort gefunden, wo man sich liebevoll um mich kümmerte. Jedoch konnte der Arzt dies nicht machen. Er begründete mir dies, indem er sagte, sie wären ein Krankenhaus. Man versuchte mir, nochmals zu helfen, indem man mich in einer dritten Einrichtung unterbrachte.

Blind vor Liebe, die keine Liebe ist

Man überreichte mich am 20. September 1981 dem Rudolf-Sophien-Stift, einer Einrichtung für psychisch Kranke in Stuttgart. Dort sollte ich meine erste Frau, Ute, kennenlernen. Zu diesem Zeitpunkt hatte ich das 21. Lebensjahr erreicht. Man erklärte mir in dieser Einrichtung, dass ich die Kostenübernahme selbst beantragen müsste. So ging ich zu den zuständigen Ämtern. Ich beantragte alles, was es zu beantragen gab. Und erstaunlicherweise wurde mir alles genehmigt.

Der Schrei nach Liebe

Ich hatte in der Nacht vor meiner Ankunft kaum geschlafen, sodass ich in dieser Einrichtung übermüdet ankam. Man sagte mir, ich solle zu dem Arzt des Hauses gehen, denn er wollte mich untersuchen. So saß ich vor dem Arztzimmer auf einer Bank und wartete. Aber die Müdigkeit überkam mich. Ich weiß nicht, wie lange ich geschlafen hatte, aber der Arzt weckte mich. Er stellte mir ein paar Fragen und danach wurde mir ein Zimmer zugeteilt. Ich war unter Menschen, die wie ich Probleme hatten, die auch Ablehnung oder sonstige negative Erfahrungen in ihrem Leben machten.

Eines Abends, es war ziemlich am Anfang meines Aufenthaltes in dieser Einrichtung, kam ein Mädchen in mein Zimmer. Sie war in einer Beziehung, aber das störte mich nicht besonders. Es kam dazu, dass wir miteinander schliefen. Es waren keine besonderen Gefühle dabei, wir wollten einfach diese Leere in unserem Inneren füllen, die Liebe, nach der wir uns so sehnten. Sie kam nie wieder zu mir, es blieb bei diesem einen Mal. Etwa zwei Wochen nach meiner Aufnahme ging ich abends in die Teestube, wo man ein gemütliches Beisammensein pflegte. Dort erschien ein Pärchen, bei dem mir die Frau auffiel, während er versuchte, sie zu veräppeln. Ich sprach ihn an und sagte zu ihm, ob er das gut fände, so mit ihr umzugehen. Er nahm mich überhaupt nicht wahr, aber sie. Und ab da war sie ständig an meiner Seite. Ich verliebte mich in sie, aber ich wusste nicht, was wirkliche Liebe ist. Woher sollte ich das auch kennen, ich habe ja selbst nie Liebe erfahren.

Ab diesem Abend war sie immer an meiner Seite. Am Anfang war es nur Freundschaft, dann wurde mehr daraus. Ihren früheren Begleiter habe ich dann so gut wie nicht mehr gesehen. Ich fing mit Ute, so war ihr Name, eine Beziehung an. Ich sollte erst später erfahren, wozu sie fähig war. Es kam mein Geburtstag und ich wollte ihn schön feiern. Ich lud ein paar Freunde ein. Ute war auch dabei. Da kam ich auf die Idee, ihrem früheren Begleiter einen Kaffee und ein Stück Kuchen zu bringen. Den Kuchen nahm er nicht, aber den Kaffee gerne. So konnte ich mich für mein Verhalten in der Teestube bei ihm entschuldigen.

Ute erzählte mir aus ihrem Leben: dass sie im Gefängnis saß wegen Raubüberfall – man hatte sie zu einem halben Jahr Haft und drei Jahren Bewährung verurteilt. Da sie aber Epileptikerin war, wurde sie frühzeitig aus der Haft, in der auch ihr Vater Schließer war, entlassen. Ihr wurde eine Bewährungshelferin zugeteilt, die sie auch in der Zeit ihres Aufenthaltes in Stuttgart betreute.
Immer wieder wurde ich von Seiten der Betreuer gewarnt, Ute nicht zu heiraten. Aber ich hatte meinen eigenen Kopf und verschloss die Augen. Auch erzählte sie mir, dass sie einen Sohn hatte, den sie weggab, als er drei Monate war, weil sie sich angeblich die Windeln nicht leisten konnte.

Der Schritt in die erste Ehe

So kam es, dass wir am 11.02.1982 die Ehe eingingen. Es lagen nur drei Monate des Kennenlernens dazwischen. Mir wurde erst viel später bewusst, dass ich als Mann nichts zu sagen hatte – sie hatte die Hosen an. Wir mussten die Einrichtung verlassen, da Ehepaare nicht erlaubt waren. Ich dachte, es wird alles besser, wenn ich erst mal verheiratet wäre. Aber ich sollte meine Lektion bekommen.
Wir bekamen ein Zimmer in einer Pension über dem Sozialamt. Es war nicht weit von der Stadt entfernt. Eigentlich wusste ich so gut wie nichts von Ute, nur das, was sie mir bis dahin erzählt hatte. Ich wusste nicht, ob sie kochen kann oder wie sie den Haushalt führte. Dass Ute nicht richtig laufen konnte, machte die ganze Sache noch schwieriger. Sie hatte eine Bewegungsstörung. Später erfuhr ich von Ärzten, dass es nicht organisch, sondern psychisch bedingt war. Wir lebten auf engem Raum und so kam es, dass wir uns die meiste Zeit stritten. Wir konnten beide nicht mit Geld umgehen und lebten über unsere Verhältnisse. So bestellten wir immer wieder Waren aus verschiedenen Versandhäusern. Ich kaufte und verkaufte diese Dinge wieder – so ging das immer, bis mir die Schulden über den Kopf wuchsen. So kam Ute irgendwann auf die Idee, sich selbst zu verkaufen. Ich hatte Bedenken, dass man das

doch nicht machen könne, aber irgendwann stimmte ich zu.
So gingen wir immer wieder in den nahegelegenen Park gegenüber des Hauptbahnhofes in Stuttgart, wo sie sich den Männern für Geld anbot. Meine Aufgabe war es, mit den Männern zu verhandeln. Wir einigten uns, dass wir 30,– DM verlangten. Ute schlief mit den Männern immer ohne Verhütung – ich war immer in ihrer Nähe, sodass ich jederzeit hätte eingreifen können. Ich weiß nicht, wie lange wir auf dieser Schiene gefahren sind, aber es kam die Zeit, wo wir von Stuttgart wegzogen.

Ein neuer Anfang oder der Anfang vom Ende

Wir zogen aus Stuttgart weg in den Schwarzwald nach Schömberg. Dort stand in der Bergstraße ein größeres Haus. Der einzige Bewohner, der dort lebte, war Uli, ein homosexueller junger Mann. So teilten wir uns das Haus. Ich weiß noch: Es hatte sehr viele Zimmer. Wir suchten uns also das größte Zimmer aus und richteten uns ein. Wir überlegten, was wir machen sollten. So entschlossen wir uns erst mal, Sozialhilfe zu beantragen. Wir fuhren nach Calw und beantragten die nötige Unterstützung. Utes Betreuerin hatte schon alles geregelt. Man erwartete uns schon. Wir bekamen einen Scheck über mehrere hundert Mark. Dazu beantragten wir noch Möbel, was man eben so braucht.
Es schien alles gut zu laufen. Ich suchte mir eine Arbeit in einem Altersheim. Dort verbrachte ich einen Abend bei meiner Arbeitskollegin und trank zu viel Alkohol. Ich war so betrunken, dass ich nicht mehr wusste, was ich tat. Spät abends kam meine Frau und war so wütend auf mich, dass sie mir meinen Turnschuh über den Kopf schlug, aber ich lachte nur über sie. Ich kündigte nach vier Wochen meinen Arbeitsplatz wieder, weil ich schlecht bezahlt wurde. Danach bekam ich keine Stelle mehr und beantragte wieder Sozialhilfe. Die Leiterin vom Sozialamt meinte, ich solle bei ihr vorbeikommen. Sie genehmigte mir die Unterstützung.

Die Folgen der Hurerei

Wir wussten aber nicht, dass Ute schwanger geworden war – und zusätzlich steckte sie mich mit einer Geschlechtskrankheit an.

Wir beschlossen, einen Urlaub zusammen zu verbringen, solange wir noch alleine waren. Wir packten unsere Sachen und nahmen ein Zelt, Schlafsack und was man so zum Zelten braucht – und ab ging es in Richtung Südschwarzwald. Unser Ziel war St. Mergen. Dort verbrachten wir drei Wochen erholsamen Urlaub. Mir fiel besonders auf, dass Ute keinerlei Bewegungsstörungen hatte. Sie konnte zum ersten Mal richtig laufen. Aber dies blieb nicht so. Es sollte in diesem Bereich noch viel schlimmer kommen.

Es kam die Zeit, da man sah, dass sie ein Kind unter dem Herzen trug – ich freute mich auf das Kind. Ich dachte nicht darüber nach, ob es von mir ist oder von jemand anderem sein könnte. Ich wusste nur, dass ich Vater werden würde. War ich überhaupt in der Lage, für ein Kind zu sorgen? Der Tag der Entbindung kam immer näher. Ich wollte für sie da sein, eben ein guter Vater und Ehemann sein. Sie kam nach Pforzheim in die Klinik und brachte einen kräftigen Jungen zur Welt. Er war ein sehr dunkler Typ, eher wie ein Inder oder Südländer, aber ich machte mir darüber noch keine Gedanken. Ich sollte 17 Jahre später erfahren, dass er nicht mein Sohn ist. So besuchte ich sie, so oft ich konnte. Da wir kein Auto hatten, musste ich somit immer trampen. Ich holte beide mit dem Taxi vom Krankenhaus ab; die Kosten übernahm die Krankenkasse. Ich hatte das Zimmer für Ben (so nannten wir unseren Sohn) hergerichtet.

Irgendwann tauchte mein Freund P. von einer Einrichtung aus Nagold auf, um sich unser Haus anzusehen. Ich hatte mich gerade erst hingelegt, um ein wenig zu schlafen, als ich gestört wurde. Er stellte sich mir vor. Ich hatte kein wirkliches Interesse an ihm. Mir war es egal, was sie aus diesem Haus machen wollten. Es wurde mit dem Vermieter beschlossen, dass man sein Haus für psychisch Kranke verwenden würde. Wir als Ehepaar bekamen die Einliegerwohnung. So waren wie für

uns.
Ich hatte an dem Leben der psychisch Kranken kein Interesse, wollte mit ihnen nichts zu tun haben. Uli, unser Mitbewohner, war schon längst zu seinem Freund gezogen. Wir beschlossen, uns auch eine andere Wohnung zu suchen. Kurze Zeit später bekamen wir in Wart bei Altensteig eine Zwei-Zimmer-Wohnung. Es handelte sich um ein altes Schulhaus. Unsere Nachbarn waren alles Türken. Alles wurde renoviert und neu hergerichtet.

Die Liebe erkaltet

Die neue Wohnung war eingerichtet, aber ein Kinderzimmer gab es leider nicht. Somit schlief unser kleiner Sohn bei uns im Schlafzimmer. Was die Versorgung des Kindes betraf, hing fast alles an mir.
Wir stritten immer häufiger. In mir war alles erkaltet, nichts mehr von Liebe oder dergleichen.
Die Beine meiner Frau wurden von Tag zu Tag schlechter. Es kam sogar schon so weit, dass sie sich, wenn wir unterwegs waren, auf die Straße setzte, sich weigerte weiterzulaufen und wie ein kleines Kind heulte. Irgendwann ließ ich sie dann einfach sitzen. Diese Frau terrorisierte mich nur, wo sie konnte. Eines Morgens wachte ich auf und das Zimmer stank erbärmlich. Ich dachte erst, mein Sohn hätte in die Windeln gemacht. Aber nachdem ich an ihm gerochen und mich überzeugt hatte, dass da nichts war, schaute ich zu Ute und fragte, was da so stinken würde. Sie sagte zu mir, sie hätte ins Bett gemacht. Ich zog die Bettdecke weg und sah das Übel. Sie hatte nicht nur Wasser gelassen, nein, sie war voller Kot. Ich schrie sie an: „Warum gehst du nicht auf die Toilette?“. Sie meinte nur, sie könne nicht laufen. An diesem Morgen wusch ich sie und machte den Dreck weg, aber in mir zerbrach alles an Vernunft, was noch vorhanden war.
Ich kam mir so billig vor, ich hatte kein Mitgefühl, keine Liebe mehr für diese Frau. Solche Tage kamen oft, aber nur das eine Mal habe ich sie gewaschen. Mir war es so

egal, wie sie ihr Geschäft verrichtete. Irgendwann hatte sie eine Freundin und diese lud sie zu uns nach Hause ein. Diese Freundin war Nymphomanin und Ute verlangte von mir, mit ihr zu schlafen. Ich fragte sie, ob sie noch ganz bei Trost sei und ob sie wüsste, was sie da von mir verlangte. Aber immer wieder fing sie damit an, bis mir der Kragen platzte und ich ins Schlafzimmer ging und mit ihrer Freundin schlief. Als wir fertig waren und ich ins Wohnzimmer zurückkam, saß Ute im Sessel und weinte, weil ich sie betrogen hatte. Am selben Abend schlief ihre Freundin auch noch mit meinem Nachbarn. Sie trieben es bei mir auf der Toilette.

Ein Besuch bei meiner Familie

Ich brauchte Tapetenwechsel. Deshalb beschloss ich, mit Ute und Ben nach Backnang zu fahren. Ich wollte, dass sie meine kleine Familie kennenlernten. Aber wir waren dort nicht wirklich willkommen; wir hätten auch gut und gerne Zuhause bleiben können.

Ute wurde von meiner Familie nicht besonders angenommen, sondern eher abgelehnt. Ich versuchte, das Beste daraus zu machen, aber es gelang mir nicht. Meine eigene Familie warf mir vor, Ben wäre nicht von mir. Ich versuchte, ihn zu verteidigen, aber es half nichts. Sie blieben auf ihrem Standpunkt. Ich erlebte wie in früheren Zeiten nur Ablehnung durch diese Familie; dazu hatte ich keine Lust mehr. So fuhren wir nach einem kurzen Aufenthalt zurück nach Wart. Dort angekommen, wurde das Jugendamt auf uns aufmerksam. Der Leiter stellte mir ein Ultimatum: Entweder ich würde arbeiten und dafür Sorge tragen, dass meine Frau das Kind versorgt oder er würde uns genommen werden. Er gab mir zwei Wochen Zeit. Die zwei Wochen gingen wie im Flug vorüber und unsere Lage hatte sich nicht verbessert – ganz im Gegenteil. Ich war überfordert, mich kotzte alles an. Ich entschied mich, den Jungen abzugeben, damit er eine Zukunft hätte. So kam der Leiter des Jugendamtes wieder und fragte mich, ob sich was verändert hätte. Ich musste natürlich mit Nein antworten. Er ließ mir die Wahl, Ben freiwillig herzugeben oder durch einen Gerichtsbeschluss. Ich entschied mich, den Jungen ihm zu überlassen. So wurde Ben in eine Pflegefamilie gebracht. Er wuchs in Liebe und Harmonie auf. Ich habe diesen Entschluss nie bereut. Zweimal habe ich ihn bei seiner Pflegefamilie besucht. Er lebte mitten im Wald in einer Familie, die eine eigene Pension mit 50 Fremdenzimmern hatten. Er war dort sicher gut aufgehoben.

Da ich keine feste Arbeit hatte, versuchte ich Geld zu verdienen, indem ich Zeitungen an der Tür verkaufte. Aber dies war nicht besonders leicht. Die Leute kauften an der Tür nichts; sie hatten Angst, wollten kein Abo abschließen oder kamen mit irgendwelchen Ausreden. So schleppte ich mich von Haus zu Haus, bis ich an einer Tür läutete, die meine jetzige Situation ändern sollte. Mir wurde von einer Frau geöffnet. Sie kaufte eine Zeitung und fragte mich, was ich eigentlich bei der ganzen Sache verdienen würde. Darüber gab ich ihr Auskunft. Daraufhin bot sie mir eine Tätigkeit an, von der ich bisher noch nichts gehört hatte. Es drehte sich um eine Firma, die sich Amway nannte; es handelte sich um Reinigungsprodukte. Sie erklärte mir, was ich zu tun hätte, wenn ich mich dazu entschließen würde, hier einzusteigen. Ich erklärte ihr meine Lage, in der ich mich befand. Sie meinte, ich solle es doch mal versuchen. So setzte ich meine Sozialhilfe ein und kaufte für etwa 150,– DM Reinigungsprodukte. Nun hatte ich eine Reisetasche voll Reinigungsprodukte. Jetzt hieß es, sie gut zu verkaufen. Ute tobte, als ich ihr erzählte, dass ich die Sozialhilfe für diese Produkte eingesetzt hätte. Dieses Mal musste ich ihr Recht geben: Es war Dummheit von mir, aber ich glaubte an mich und so zog ich los und verkaufte meine Ware.

Der Traum von der Selbstständigkeit

Ich ging von Haus zu Haus und erklärte den Leuten, wie man die Produkte einsetzte und sparsam damit umging. Was mich wunderte: Die Leute kauften die Produkte. Bis zum Abend hatte ich alles verkauft. Ich weiß nicht mehr, wie viel ich eingenommen hatte, aber es war nicht wenig. Ich erzählte es Ute, und überraschenderweise war sie begeistert. Sie erlaubte mir, dieses Geld erneut einzusetzen und Ware zu kaufen. So nahm ich das ganze Geld und kaufte bei dieser Firma neue Ware. Es waren so viele Produkte, dass ich zwei Taschen mitschleppen musste.

Ich überlegte mir, wo ich hingehen könnte. So trampte ich in die nächst größere Stadt, wo ich meine ganze Habe verkaufte. Am Abend war ich so müde und geschafft, dass ich froh war, alles verkauft zu haben. Ich fing an, Menschen in mein Geschäft zu holen. Aber irgendwie hatte ich keinen Erfolg.

Irgendwann kam in mir das Verlangen, alles hinzuschmeißen, was ich auch tat. Der Traum von der Selbstständigkeit und einem eigenen Geschäft mit viel Geld zerplatzte wie eine Seifenblase. Ich verkaufte meinen Fernseher, meine Stereoanlage und meinen Videorekorder, nahm die 1000,– DM und ging nach Altensteig. Ich hielt den nächsten Fahrlehrer an, übergab ihm das Geld und sechs Wochen später hatte ich meinen Führerschein.

Wir kamen in unserer Ehe an einen Punkt, wo es nicht mehr weiter ging. Ich war schon lange in der Pornografie gefangen; immer wieder schauten wir uns Pornos an. Irgendwann sagte Ute zu mir, sie wolle in den Rudolf-Sophien-Stift fahren und ich solle sie doch begleiten. Also fuhren wir dorthin. Was ich nicht wusste: Ute schleppte ein Mädchen auf unser Zimmer und verführte sie zum Sex. Zu mir sagte sie, ich solle mit ihr schlafen, was ich natürlich nicht tat. Ich schickte das Mädchen fort, wodurch es einen heftigen Streit gab.

Noch einmal fuhren wir nach Backnang. In den Tagen bei meiner Familie kam es immer wieder dazu, dass Ute und meine Mutter sich stritten, weil sie nicht normal die Treppe runter ging, sondern Stufe für Stufe runterrutschte.

Irgendwann kam der Tag, an dem sie in die Psychiatrie Winnenden eingeliefert wurde. Dort ließ sie sich in einen Typen ein, mit dem ich in einer Einrichtung war. Ich kannte diesen Kerl. Für mich war das Grund genug, die Scheidung einzureichen. Jedoch haute mich das völlig aus der Bahn. Ich wurde auch in die Psychiatrie nach Stuttgart eingeliefert. Von dort besuchte ich Ute noch einmal. Ich hatte ihr 50,– DM mitgebracht und außerdem noch Dinge, die man eben fürs Krankenhaus so brauchte. Was ich dann von ihr zu hören bekam, haut den stärksten Mann um. Ute fragte mich: „Warum krepierst du nicht endlich, damit ich als Witwe in die Geschichte eingehen kann?“. Diese Worte trafen mich so tief in mein Herz, sie waren schlimmer als alle Gewalt, die ich bisher ertragen musste. Sie waren verletzend – und das taten sie auch. Ich fuhr wieder nach Stuttgart in die Klinik und holte mir ein paar Krawatten. Diese band ich zu einem Strick zusammen und versuchte, mich zu erhängen. Ich spürte nur noch Wärme und ein seltsames Kribbeln. Ich dachte nur, hoffentlich ist es bald vorbei. Jedoch wurde ich von einem Pfleger entdeckt. Man zerschnitt die Krawatten, weil sie sich schon zu sehr zugezogen hatten. Es folgten daraufhin noch ein paar weitere Suizidversuche. Mein Arzt drohte mir bei einem weiteren Suizidversuch eine dauerhafte Aufnahme in einer geschlossenen Einrichtung an. Ich versprach ihm, es sein zu lassen.

Ich war dazu noch so tief in Kaufsucht verstrickt, dass man mir eine gesetzliche Betreuerin zur Seite stellte. Ohne ihre Einwilligung konnte ich nichts mehr kaufen. Dazu kam noch das Rauchen: 40 Zigaretten am Tag. Ich kann nicht sagen, dass es mir in dieser Zeit gut ging.

Die Richterin entscheidet für mich

Von der Klinik entlassen entschied ich mich, nicht mehr zu meiner Familie zurückzugehen. Ich blieb in Stuttgart. Man suchte mir ein Zimmer, die Kosten übernahm das Sozialamt. Für mich brauchte ich nicht viel.

1985 kam der Tag, an dem ich von dieser Frau geschieden werden sollte. Für mich war es ein Freudentag. Im Gericht angekommen, betrachtete ich sie mit voller Verachtung. Ich hatte nicht damit gerechnet, dass sie mir den Seitensprung mit ihrer Freundin, der Nymphomanin, vorwarf. Ich wurde von der Richterin nach dem Sachverhalt gefragt. Ich bestätigte ihr den Vorwurf, erklärte ihr aber, von wem es ausging. Auch erzählte ich von all den Schwierigkeiten, die in unserer Ehe auftraten und womit sie mich ständig terrorisiert hatte. Ich ging in dieser Ehe durch die Hölle. Nach meinen Erzählungen sah mich die Richterin an und auch Ute schaute sie sehr lange an – und dann fällte sie ihr Urteil. Ute hatte jedoch nicht damit gerechnet, dass die Richterin sie schuldig sprach. Nach einer halben Stunde war der ganze Spuk vorbei und ich war wieder ein freier Mann. Ich konnte von neuem beginnen.

Endlich frei und doch gefangen

Ich hatte mein 24. Lebensjahr erreicht. Mein Zimmer war sehr gemütlich eingerichtet, ich fühlte mich endlich wohl in meiner Umgebung. Hier war keiner mehr, der mir was vorschrieb oder mir sagte, was ich zu tun hätte.

Die Zeit verflog wie im Flug. Monate gingen ins Land und ich sehnte mich nach Zärtlichkeit und Annahme. Mir fiel plötzlich wieder dieser Mann ein, der mich als 17-Jährigen mit seinem Roller von Backnang nach Sulzbach mitnahm. Ich entschloss mich, zu ihm zu gehen und ihn zu fragen, wie es ihm wohl ginge. Er war tatsächlich zu Hause und öffnete mir. Erst war er verärgert – später habe ich erfahren, dass meine Familie ihn damals bedrohte. Aber er beruhigte sich schnell. Wir landeten bald wieder in seinem Bett und tauschten uns Zärtlichkeiten aus. So kam es, dass ich wochenends immer wieder bei ihm war.

Irgendwann hatte ich aber kein Interesse mehr an ihm. Warum das so war, weiß ich auch nicht. Vielleicht lag es daran, dass mir bewusst wurde, dass es nicht richtig war. Ich zog mich in mein Zimmer und von den Menschen zurück. In mir war es kalt und leer. Ich vertraute niemandem mehr. Ich lebte nur so in den Tag hinein, hatte überhaupt keine Motivation mehr.

Es vergingen ein paar Jahre, in denen ich nichts von Frauen wissen wollte, aber irgendwann kam das Verlangen nach Zärtlichkeit und Annahme zurück. Außerdem war ich schon lange kaufsüchtig: So wie das Geld reinkam, so gab ich es auch wieder aus – und darüber hinaus. Das ging so weit, dass ich mich total verschuldete. Auf die Idee, mir Hilfe zu suchen, kam ich nicht und wollte ich auch nicht. Ich ließ keinen an mich ran. Es kam sogar so weit, dass ich mir einen Fernseher und einen Videorekorder mietete und ich diese Geräte verkaufte. Von dem Geld, das ich bekam – es waren 400,– DM –, kaufte ich mir mein erstes gebrauchtes Auto. Es war ein hellblauer VW Variant mit einem weißen Herz auf dem linken Kotflügel.

Wenn das Gewissen plagt

Die Geräte waren weg, aber die Mahnungen flogen nur so ins Haus. Was sollte ich tun? Von der Sozialhilfe konnte ich die Monatsraten nicht bezahlen. Mein Gewissen plagte mich. Ich wusste nur zu gut, dass es falsch war, was ich tat. Irgendwann hielt ich es nicht mehr aus. So nahm ich mir vor, zur Polizei zu gehen und zu sagen, was ich getan hatte. Man gab mir den Rat, mich selbst anzuzeigen, was ich auch tat. Die Kriminalpolizei wurde eingeschaltet. Man nahm mich aber nicht mit. Ich musste ihnen versprechen, dass ich die Stadt nicht verlassen würde. So konnte ich an diesem Abend wieder nach Hause und fühlte mich auch gleich besser. Es dauerte nicht lange, bis ich ein Schreiben von der Staatsanwaltschaft mit der Aufforderung bekam, 1000,– DM zu bezahlen. Man hatte mich dazu verurteilt. Aber wie sollte ich das bezahlen? Alles in mir schrie: Zahl es nicht! Ich gab meinen Gedanken nach. Ich schrieb sie an, zur Kenntnis zu nehmen, dass ich diesen Betrag nicht bezahlen könne. Es vergingen ein paar Wochen. Dann folgte deren zweites Schreiben. Daraus war zu entnehmen, dass man mich aufforderte, den Betrag abzuarbeiten. Ich und arbeiten, dachte ich, dazu hatte ich keine Lust. Ich weigerte mich, dies zu tun. Somit bekam ich, was ich verdiente: Das dritte Schreiben wies mich darauf hin, dass ich zu sechs Wochen Freiheitsstrafe verurteilt wurde. Die Strafe wurde über Weihnachten und Neujahr festgesetzt. Ich sollte mich an einem bestimmten Tag in der Haftanstalt melden, und wenn ich nicht kommen würde, würde man mich polizeilich holen.
Zu dieser Zeit hatte ich eine Freundin. Ich zeigte ihr das Schreiben und erzählte ihr die ganze Geschichte. Sie meinte nur, ich müsse die Haft antreten. Sie selbst fuhr mich nach Ludwigsburg zur Haftantretung.

Hinter Gefängnismauern

In der Haft angekommen, wurde ich erst mal aufgenommen. Ich bekam ein Päckchen Tabak und weiter ging es in die Kleiderkammer. Man gab mir Gefängniskleidung, meine eigenen Kleider nahm man mir ab. Ich wurde in eine Zelle gesteckt, in der sechs Männer schliefen. Ich fühlte mich nicht gerade wohl. Mir ging so viel durch den Kopf. Ich fragte mich immer wieder, warum ich keine Ratenzahlung vereinbart hatte. Ich bekam genau das, was ich verdient hatte. Ich konnte meine Tränen nicht zurückhalten, in mir brach alles zusammen. Ich heulte wie ein kleines Kind. Meine Mitgefangenen nahmen mich gar nicht wahr, es interessierte sie nicht. Die erste Woche war ich nur am Heulen. Man stufte mich als suizidgefährdet ein und ließ mich nicht allein auf der Zelle. Nach einer Woche kam ich in eine Zweibettzelle. Für mich war das zwar erträglicher, aber mein Mitgefangener schnarchte in der Nacht so laut, dass ich immer wieder aufwachte. Ich war so froh, als er entlassen wurde.

Nach einer Woche Haft hatte ich mich gut eingelebt. Ich bekam von meiner Freundin Besuch. Sie steckte mir, ohne dass es die Wärter mitbekamen, im Besucherraum 20,– DM zu. Man filzte mich natürlich, auch einer meiner Schuhe wurde überprüft. Ich gab ihm den rechten Schuh und dachte nur: Hoffentlich verlangt er nicht auch den linken. In meiner Zelle angekommen, versteckte ich das Geld. Es war das letzte Mal, dass sie kam. Ich sah sie nie wieder. Später erfuhr ich, dass sie geheiratet hatte. Meine Familie besuchte mich auch einmal. Zu Weihnachten schickten sie mir ein Paket; dies wurde von den Wärtern überprüft. Die Zeit im Gefängnis verging wie im Flug und es kam der Tag der Entlassung.

Aus der Haft entlassen

Aus der Haft entlassen, fuhr ich wieder nach Stuttgart und ging auf das Sozialamt. Ich erklärte ihnen meine Situation und man wies mir ein Zimmer in Stuttgart-Bad Cannstatt zu. Es war nicht ganz mein Geschmack, aber es reichte zum Schlafen. Ich suchte mir eine Arbeit und bekam tatsächlich auch eine Stelle in einem Gipser-

Betrieb. Mein Chef meinte, ich könnte auch in eine Wohnung seines Betriebes einziehen, was ich gerne annahm. Die Zeit fing gut an. Sollte sich das Blatt wirklich zum Besten für mich geändert haben? Ich arbeitete jeden Tag. Mich störte aber, dass ich jeden Tag für die Gesellen das Vesper holen musste. Am Anfang sagte ich noch nichts, aber irgendwann ging mir das auf den Keks.

In mir flammte wieder der Wunsch nach einer Partnerschaft auf und so gab ich im Stuttgarter Wochenblatt eine Kontaktanzeige auf. Es überwältigte mich, was ich so an Briefen bekam. Ich las sie alle. Bei einigen war ein Bild dabei. So konnte ich sie gleich aussortieren. Ein Mädchen war dabei, die nach meinem Geschmack war. Wir trafen uns, aber die Beziehung scheiterte und nach kurzer Zeit war ich wieder Single. So kam es, dass ich nochmals eine Kontaktanzeige aufgab. Dieses Mal war ein Mädchen dabei, das mich sehr angesprochen hatte. So vereinbarte ich mit ihr ein Treffen. Wir wollten uns in der Stadt treffen. Da ich noch Zeit hatte, entschied ich mich, ins Kino zu gehen, um mir einen Pornofilm anzusehen. In meinem Stammkino saß eine Bekannte an der Kasse. Ich wollte schon bezahlen, als ein junges Mädchen mit kurzem Mini und engem Top die Stufen herunter kam. Das Kino und das Treffen mit dem anderen Mädchen waren vergessen. Ich hatte nur noch Augen für sie. Ich sprach sie an und stellte mich vor. Sie sagte, dass sie Manuela heißen würde. Wir verstanden uns sofort. Ein paar Minuten später waren wir auch schon unterwegs. Wir gingen in ein Kaffee und anschließend im Park spazieren. Ich habe mich sofort in sie verliebt. Wir trafen uns von da an regelmäßig. Eine Woche später schlief ich schon bei ihr und ich sollte ihre Mutter kennenlernen. Wir waren schon zwei Wochen zusammen, als Manuela mir ihre Familie vorstellen wollte.

Der Schritt in die zweite Ehe

Der Tag kam immer näher, an dem ich die Familie kennenlernen sollte. Ich wusste, dass sie einen Campingplatz bei Schwäbisch Hall hatten. Dort sollten wir das erste Wochenende zusammen verbringen. Es war ein schöner Samstag. Manuela war

Fleischfachverkäuferin und stand im Laden, als ich sie abholen wollte. Ich musste noch warten, aber das nutzte ich, um mir ein paar Erotikbücher bei Beate Uhse anzusehen. Manuela wusste nichts von meiner Bindung an die Pornografie. Für mich war es auch völlig normal, das taten doch die meisten Männer. Es dauerte doch noch eine halbe Stunde, bis Manuela aus dem Laden kam, und irgendwie freute ich mich auf das, was kommen sollte.

Da wir selbst kein Auto hatten, wurden wir abgeholt. Ihre Mutter schaute mich von oben herab an. Ich fragte mich, was in ihrem Kopf wohl vorging. Waren es meine Tätowierungen, die sie störten? Aber wir erlebten einen Tag voller Harmonie. Umso länger ich mit der Familie von Manuela zusammen war, umso mehr verstanden wir uns. Das Wochenende ging viel zu schnell vorbei. Endlich hatte ich eine feste Freundin, ich war zufrieden. Manuela und ich beschlossen, am kommenden Wochenende wieder zu ihrer Familie zu fahren. Wir wurden auch von Seiten ihrer Mutter eingeladen. Ich freute mich sehr auf dieses Wochenende. Dieses Mal wollten wir uns bei ihnen Zuhause in Schwäbisch Gmünd treffen. Ihre Mutter hatte für uns gekocht. Das Essen schmeckte einfach lecker. Ich hatte nicht damit gerechnet, dass ihre Mutter und Manuela von Hochzeit sprachen. Wir hatten nie von Hochzeit gesprochen. Ich kam mir überrumpelt vor, aber ich traute mich nicht, etwas zu sagen. Immerhin war ich zu Besuch und wollte mich nicht gegen sie auflehnen.

So kam es, dass die Hochzeit geplant wurde. Manuelas Mutter nahm sogar einen Kredit auf, um die Hochzeit zu finanzieren. Es sollte eine schöne Hochzeit werden, sie wollte das Beste für ihre Tochter. Jetzt lag es auch an mir, Manuela mit meiner Familie bekanntzumachen. Aber wie schon in meiner ersten Ehe lehnten sie meine Partnerin ab – was anderes hatte ich auch nicht erwartet. So fuhren wir nach dem Besuch meiner Verwandtschaft zurück nach Stuttgart.

Der Termin rückte immer näher und dann war es soweit. Wir ließen uns in Braunsbach trauen. Die Trauung war an sich sehr schön, aber als ich die Kirche verließ, lief ich in die Arme meiner großen Schwester Ramona. Mir liefen die Tränen runter, ich konnte mich nicht zurückhalten. Ich sagte Ramona, dass ich nicht heiraten wollte. Sie meinte nur: „Jetzt musst du den Weg gehen." Manuela bekam davon nichts mit. Ich wollte ihr diesen Tag nicht versauen, sie sah so glücklich aus. Nach der Trauung fuhren wir alle in das Lokal, das wir reserviert hatten. Einige meiner Geschwister hatte ich eingeladen. Manuelas Mutter bestand darauf, dass ich sie namentlich erwähne, weil sie dies alles möglich machte. Ich beugte mich ihrem Willen, aber meine eigene Familie wurde bloßgestellt. Ich sah meine Mutter an, sie sah nicht glücklich aus, auch meine Geschwister sahen nicht danach aus, dass sie sich wohl fühlten. Aber ich konzentrierte mich auf meine Frau Manuela. Sie war eher eine kindliche Frau, aber das gefiel mir an ihr. Die Feier ging sehr lange. Es wurde beschlossen, dass meine Geschwister und meine Mutter im Lokal übernachteten. Einige aus meiner Verwandtschaft waren so betrunken, dass es fast schon peinlich war. Leider war auch ich betrunken, dass ich nicht mal mehr im Stande war, meinen Ehepflichten in der Hochzeitsnacht nachzukommen. Am nächsten Morgen kamen meine Verwandten auf mich zu, um sich bei mir zu beschweren, aber ich wollte nichts hören. Meine Mutter war schon abgereist. Wieder einmal fragte sie nicht nach mir, ich war ihr völlig egal. Manuela und ich frühstückten miteinander und fuhren dann zu ihrer Mutter.

Neue Herausforderung

Wir hatten uns ein gebrauchtes Auto gekauft, das nicht dem entsprach, was es verhieß. Wir lebten als Ehepaar in Stuttgart in einem Hotelzimmer, das vom Sozialamt bezahlt wurde. Manuela arbeitete immer noch als Fleischfachverkäuferin; ihr Gehalt wurde angerechnet. Ich wollte mich nicht von ihr aushalten lassen, so beschloss ich, mich wieder selbstständig zu machen. Ich überlegte mir, was ich tun könnte. Für Amway wollte ich auf keinen Fall mehr verkaufen. Zufällig las ich eine Anzeige im Wochenblatt, dass Kaufhausdetektive gesucht wurden. Das hörte sich interessant an. Ich beschloss, mich zu bewerben. Man sagte mir, ich müsse ein

polizeiliches Führungszeugnis vorlegen. Jetzt hatte ich ein Problem, denn ich hatte eine Gefängnisstrafe hinter mir. Manuela wusste, dass ich im Gefängnis war; ich hatte ihr alles erzählt, was sie wissen musste. Ich entschied mich, meinem zukünftigen Chef die Wahrheit zu sagen. Ich war angenehm überrascht, als er mir seine Hilfe anbot. Am Schluss bekam ich ein sauberes Führungszeugnis, sodass ich mich selbstständig machen konnte. Meine Aufgabe bestand darin, dass ich Baumärkte bewachen musste. Ich war froh, eine Aufgabe zu haben. Und Manuela war auch sichtlich froh darüber.
So bekam ich die Anweisungen von meinem Auftraggeber, an die verschiedenen Baumärkte zu fahren. Die Aufgabe bestand darin, den ganzen Tag im Geschäft herumzulaufen und zu beobachten, ob irgendjemand etwas ohne zu bezahlen mitgehen ließ. Es war eine neue Herausforderung. Ich musste ständig aufpassen, dass alles im Lot blieb. Ich konnte ja nicht alle Kunden gleichzeitig bewachen, so suchte ich mir irgendeinen Kunden oder eine Kundin aus, die mir verdächtig erschien. Diese Person ließ ich dann nicht mehr aus den Augen und folgte ihr auf Schritt und Tritt – natürlich ohne dass diese es bemerkte. Manchmal hatte ich sogar einen Ladendieb oder -diebin erwischt, aber es war eher selten. Es wurde mit der Zeit ziemlich einfältig, immer hinter den Leuten herzulaufen und zu schauen, dass bloß niemand etwas klaute. So ging ich von Tag zu Tag immer lustloser nach Hause. Ich war genervt, und das bekam dann auch meistens Manuela zu spüren.

Wieder ohne Arbeit

Es kam der Tag, an dem wir uns ein anderes Auto kaufen wollten. So fuhren wir, Manuela und ich, nach Ditzingen. Dort hatten wir einen schönen Wagen gesehen, den wir kaufen und unseren Fiat in Zahlung geben wollten. Der Händler kam und schaute sich unseren Wagen an. Als er die Schwellen des Wagens betrachtete, nahm er einen Schraubenzieher und stach immer wieder in die Schwellen, um zu sehen, ob sie verrostet seien. Und tatsächlich, das Fahrzeug war so verrostet, dass es eigentlich für den Schrott reif war. Manuela und ich hatten das nicht bemerkt. Wie konnten wir das bloß übersehen? Für mich war sofort klar, dass ich unser altes Fahrzeug wieder zurückbringe und mein Geld verlange. Da ich mich selbst nicht auskannte, nahm ich meinen Kollegen von der Detektei mit. Mit ihm fuhren Manuela und ich zu dieser Werkstatt nach Braunsbach. Dort stellten wir den Verkäufer und früheren Besitzer zur Rede. Er versuchte sich natürlich rauszureden, aber wir bestanden darauf, dass das Fahrzeug auf die Hebebühne kam. Manuela, mein Kollege und ich dachten, uns tritt ein Pferd. Der Wagen war nicht nur verrostet, nein, er hatte so große Löcher, dass man mit der Faust durchlangen konnte. Man hatte uns übers Ohr gehauen, aber wir verlangten unser Geld zurück. Natürlich zog er von dem Geld einen Betrag ab, da wir das Fahrzeug schon eine Weile hatten und einige Kilometer gefahren waren. So händigte er uns den Restbetrag von etwa 1.800,– DM aus.

Von diesem Geld kauften wir uns einen roten Audi 80L. Mir gefiel dieser Wagen sofort. Kurz danach kündigte ich in der Detektei, und somit war ich wieder arbeitslos. Ich hatte viel Zeit. Manuela war tagsüber in der Metzgerei und kam erst spät von der Arbeit. Ich ging also tagsüber in die Stadt und schaute mir irgendwelche Pornos oder Erotikbücher an. Ich war schon so tief in diesen Bindungen und Süchten verstrickt – auf diesen Gedanken, dass ich irgendwelche Probleme haben könnte, kam ich gar nicht. So befriedigte ich meine Gier und meine Lust. Manuela wusste natürlich nichts von meinem Doppelleben. Zu Hause spielte ich den braven Ehemann und wenn sie aus dem Haus war, ging ich meinen Bedürfnissen und Süchten nach. Es war sogar schon so schlimm, dass ich immer einen Pornoroman über lesbische Frauen mit auf die Toilette nahm, ihn dort las und mich dann selbst befriedigte. Mit diesen Gedanken plagte ich mich dann immer; hoffentlich will sie jetzt nicht mit dir schlafen.

Irgendwann hatte es Manuela satt, nur in einem Zimmer zu wohnen. Sie wollte eine eigene Wohnung. Wir hatten nie richtig darüber gesprochen, machten uns trotzdem auf die Suche, fanden aber keine.

Umzug nach Bayern

Nun hatte Manuela noch eine Halbschwester namens Pia, von der ich nichts wusste. Sie war damals nicht bei der Trauung dabei, deshalb hatte ich sie bisher nicht kennenlernen können. Derzeit besprach sich Manuela mit ihrer Schwester über unsere Wohnungssuche. Ihre Schwester hatte ihr vorgeschlagen, eine Wohnung in Bayern zu nehmen. Auch wollte Pia wissen, wie ich aussah, deshalb schickte ihr Manuela ein Hochzeitsbild von uns. Dies alles war mir bis zu diesem Zeitpunkt auch nicht bekannt. Ich sollte erst viel später erfahren, dass dies alles hinter meinem Rücken geschah. So beschlossen beide Frauen, eine Anzeige im Nördlinger Wochenblatt aufzugeben. Ich telefonierte dann mit dem Vermieter und machte einen Besichtigungstermin aus. Es dauerte auch nicht lange, und wir konnten uns diese Wohnung ansehen. Diese lag in Munzingen bei Nördlingen – was „zufällig“ ganz in der Nähe von ihrer Schwester war. Doch darüber machte ich mir keine Gedanken. Ihren Schwager Werner sollte ich auch noch kennenlernen. Aber es war von Anfang an eine geplante Sache. Ich hatte mich ihrer Meinung zu fügen.

So kam der Tag des Umzugs immer näher. Ich konnte mich nur schweren Herzens von Stuttgart trennen. Jetzt war der Tag gekommen, an dem wir umziehen sollten. Wir bestellten ein Mietfahrzeug; die Kosten dafür übernahm das Sozialamt. Ich hatte zu diesem Zeitpunkt ihre Schwester und ihren Schwager noch nie gesehen. Es war eine lange Fahrt, aber endlich hatten wir die neue Wohnung erreicht.

Einzug in die neue Wohnung

Zuerst gingen wir in die Wohnung und schauten uns um, damit wir in etwa wussten, wo wir was hinstellen wollten. Es war fast schon ein Jahr her, dass Manuela und ich verheiratet waren. Wir wussten beide nicht, dass unsere Ehe hier enden sollte. Nun trafen auch ihre Schwester und ihr Schwager ein, um uns zu helfen. Sie begrüßten mich, aber irgendwie war eine Antipathie zwischen uns.

Nachdem wir uns überzeugt hatten, wo wir was hinstellen, luden wir, ihre Schwester, ihr Schwager und ich, das Fahrzeug aus. Es dauerte fast zwei Stunden, bis wir endlich alles im Haus hatten. Danach machte Manuela einen Kaffee für alle. Dabei fing Werner an, uns von einer Bauernfamilie zu erzählen, von der er sich immer wieder Geld auslieh und von denen er auch den Bauplatz wollte. Ich kam erst später dahinter, was Werner mir eigentlich sagen wollte. Er machte für das kommende Wochenende ein Treffen mit dieser Familie aus. Ich war echt gespannt auf diese Leute; es konnte ja nichts schaden, neue Menschen kennenzulernen. So fuhren wir gemeinsam dorthin und wurden schon erwartet. Das Ehepaar hatte zwei Töchter und einen Sohn. An die einzelnen Namen kann ich mich nicht mehr erinnern, ich weiß nur noch den Namen der älteren Tochter, Marit.

Wir wurden freundlich aufgenommen. Marit war noch nicht da, sie kam etwa eine halbe Stunde später. Ich war sehr gespannt auf sie. Endlich kam sie, ein 16-jähriges Mädchen und von schöner Gestalt. Als ich sie so sah, fing ich an, mit ihr zu flirten. Mich wunderte, dass meine Frau Manuela überhaupt nicht eifersüchtig wurde. Marit ließ sich darauf ein, wir lachten viel miteinander, und ich fing an, mich in sie zu verlieben. Es störte mich nicht, dass sie erst 16 Jahre alt war und ich schon 29. Ich wollte sie auf jeden Fall haben. Ich wagte mich immer weiter vor. Plötzlich stand Marit auf und ging ins Haus. Nach einer Weile ging ich ihr nach. Sie zog mich hinter sich her und wir verschwanden beide auf der Toilette. Dort küssten wir uns leidenschaftlich und wir waren beide so auf uns fixiert, dass wir alles um uns herum vergaßen. Wir wollten uns nur noch unserer Lust hingeben. Ich dachte in diesem Moment nicht mehr an Manuela. Sie war mir in diesem Moment völlig egal. Ich wollte nur noch Marit spüren. Aber irgendwie funktionierte es nicht. Lag es an mir oder an ihr, ich wusste es nicht. Jedenfalls brachen wir das ab und gingen zu den anderen hinaus. Wir waren schon zu lange abwesend, aber Werner schaute mich mit einem Grinsen an.

Ich werde in seinen Plan eingeweiht

Spät am Abend fuhren wir dann wieder nach Hause zurück. Manuela sagte an diesem Abend kein Wort zu mir. Wir sprachen nicht miteinander. Unsere Ehe war am Ende, wir lebten nur noch nebenher. Am nächsten Morgen rief uns Pia an und bat uns, zu ihnen zu kommen. Manuela sagte zu, ohne es mit mir abzusprechen. So fuhren wir zu ihnen, und da weihte mich Werner in seine Pläne ein. Er legte mir Ordner vor. Es waren Rechnungen, die alle bezahlt waren. Er erzählte mir, dass er sich immer wieder hohe Beträge von Marits Vater borgte und diese nicht zurückzahlte. So finanzierte er sich seinen Reichtum. Er hatte zwei Fernseher in der Wohnung, dazu zwei Videorekorder, einen dicken BMW und was da noch an Dingen war. Alles wurde durch das Geld von Marits Vater finanziert. Nun erzählte er mir, dass Marits Vater noch einen Bauplatz hatte. Den wollte er sich unter den Nagel reißen. Ich sollte ihm dabei helfen und vorgeben, mich in Marit zu verlieben, sodass er über mich an diesen Bauplatz kam. Werner, Pia und Manuela wussten aber nicht, dass ich mich schon beim ersten Mal in Marit verliebt hatte. Ich stimmte seinem Plan zu, aber ich nahm mir vor, ein doppeltes Spiel zu spielen.

Ich überlegte mir, wie ich Marit wiedersehen könnte. Ich dachte nur noch an sie, sie fehlte mir so unendlich. Eines Tages fuhren wir wieder zu dieser Familie. Ich freute mich schon so auf Marit. Auch sie freute sich, mich wiederzusehen. Dieses Mal kam es nicht dazu, dass wir uns verdrückten, da es ihr nicht gut ging. So blieben wir ständig draußen bei den anderen. Wie sehr hätte ich mir gewünscht, mit ihr alleine zu sein, sie in meine Arme zu nehmen und ihr meine ganze Zärtlichkeit zu schenken. Als es dunkel wurde, fuhren wir nach Hause. Ich lenkte unseren Audi und dachte immer wieder an Marit. Manuela fragte mich, was los wäre. Ich gab ihr keine Antwort. Ich dachte wieder an unsere Trauung und daran, dass ich diese Frau eigentlich gar nicht heiraten wollte. Ich überlegte mir, wie ich sie loswerden konnte, und dachte, ich müsste sie aus dem Weg schaffen. Es müsste wie ein Unfall aussehen. So steuerte ich den Wagen und fuhr mit Absicht in den Graben, aber nichts passierte.

Die Flucht aus der zweiten Ehe

Ich sah Manuela an, nichts war ihr passiert. Es hatte nicht geklappt. Ich wollte nur noch weg und zu Marit. So kam es, dass ich wieder diesen psychogenen Anfall vortäuschte, um einfach wegzukommen. Man rief einen Krankenwagen, ich wurde auf eine Bahre gelegt und in das Fahrzeug geschoben. Immer wieder rief ich „Marit, Marit!“. Ab da wusste Manuela Bescheid. Sie fuhr zurück zu Marit und erzählte ihr, dass ich immerzu ihren Namen gerufen hätte und versucht hatte, sie zu töten.

Ich war so besessen von dem Gedanken, Manuela was anzutun; eigentlich wollte ich doch nur bei Marit sein. Als ich erwachte, lag ich in einem Bett und hatte eine Nadel in meinem Arm. Man hatte mich mit irgendwelchen Medikamenten vollgepumpt. Ich versuchte aufzustehen, aber es gelang mir nur sehr schwer. Es dauerte eine ganze Weile, bis ich klar denken konnte. Ich wollte aus diesem Krankenhaus nur noch weg. Ich zog mich an, so gut ich konnte, nahm meine Schuhe und verließ die Station. Man versuchte, mich zurückzubringen, aber ich ignorierte die Rufe. Ich lief so schnell ich konnte. Endlich hatte ich einen klaren Kopf. Ich musste mich durchfragen, denn ich wusste ja gar nicht, wo ich war. Endlich an der richtigen Straße angekommen, versuchte ich das nächste Auto anzuhalten. Es dauerte, bis endlich ein Wagen neben mir anhielt und mich fragte, wo ich hinwollte. Ich sagte dem Fahrer den Ort, und er meinte, er führe mich dorthin. Warum ich nicht zu Manuela fuhr, wusste ich nicht, ich wollte einfach bei Marit sein.

Marit war ziemlich überrascht, als ich eintraf, aber ich sah ihr an, dass sie sich freute. Sie kam auf mich zu, nahm mich in ihre Arme und küsste mich. Für mich war die Welt wieder in Ordnung, endlich war ich bei ihr. Aber sie fragte mich, ob ich schon bei Manuela gewesen wäre. Das verneinte ich. Sie meinte, ich müsse zu ihr, aber ich verstand sie nicht. Ich gestand ihr, dass ich mich in sie verliebt hätte. Da gab sie offen zu, dass es ihr genauso ginge. Sie meinte, sie hätte sich seit dem ersten Mal, als sie mein Bild sah, in mich verliebt. Nun wurde ich neugierig, und ich fragte sie welches Bild. Da ging sie aus der Küche und holte ein Hochzeitsbild von Manuela und mir.

Ich war so überrascht und fragte sie, woher sie das Bild habe. Sie sagte mir, dass Pia es ihr gab. Da konnte ich eins und eins zusammenzählen. Mir war auf einmal klar, dass alles geplant war. Es war ihre Absicht, dass ich Marit kennenlernen sollte, nur um an den Besitz dieser Menschen zu kommen – und Manuela wusste vermutlich auch Bescheid.

Flucht in der dunklen Nacht

Aber da machte ich nicht mit. Ich entschloss mich, mich auf die Seite von Marit und ihrer Familie zu stellen. Ich nahm mir vor, für Marit da zu sein und ihr zu sagen, was Werner und seine Sippschaft vorhatten. Ich wusste, dass ich mich gegen Manuela stellte, aber diese Ehe war schon lange vorbei. In unserer Ehe lief rein gar nichts mehr. Wir sprachen fast nicht mehr miteinander, wir lebten jeder für sich. Eines Abends sagte mir Manuela, dass ich Zigaretten holen solle. Das war die beste Gelegenheit, zu gehen und nicht wiederzukommen. Ich nahm ihren Autoschlüssel, stieg ins Fahrzeug und fuhr einfach los. Ich hielt am nächsten Zigarettenautomat an und holte mir eine Schachtel. Dann fuhr ich zu Marit. Es war schon dunkel, als ich bei ihr eintraf. Sie befand sich im Wohnzimmer und bügelte gerade Wäsche. Sie sah mich ganz entgeistert an, als ich vor ihr stand. Ich nahm sie in meine Arme und sagte ihr, dass ich Manuela verlassen hatte und nicht zurückgehen würde. Sie fragte mich, ob ich es Manuela gesagt hätte, was ich natürlich verneinen musste. Sie meinte nur, ich müsse es ihr sagen, worauf ich sie fragte, ob sie nicht froh wäre, dass ich jetzt bei ihr wäre. So ging das hin und her. Natürlich war Marit auch froh, bei mir zu sein.
Da ich kein eigenes Auto hatte, lieh mir Marits Vater Geld, damit ich mir eins kaufen konnte. Selbstverständlich musste ich ihm einen Schuldschein unterschreiben. Er hatte mir die Geschichten von Werner erzählt. Ich sagte ihm, dass ich alles wüsste. So kaufte ich mir einen Volvo und suchte mir bei einem Getränkemarkt eine Fahrerstelle. Aber irgendwie hatte ich nach zwei Tagen keine Lust mehr zu arbeiten, und so täuschte ich wieder einen dieser Anfälle vor. Dadurch verlor ich meine Stelle als

Fahrer wieder. Dies veränderte die ganze Beziehung zu Marit. Ich sah nicht, dass die Familie an der Grenze der Armut litt. Sie hatten nicht einmal genug für sich zu essen. So kam, was kommen musste: Es gab Tage, an denen es kein Essen gab. Das machte sich dann auch bei mir zu spüren. Die Beziehung zwischen Marit und mir war nach kurzer Zeit so abgestumpft, dass ich mich immer wieder in diese Anfälle flüchtete. Für Marit war ich schon lange abgeschrieben. Sie gebrauchte mich nur noch, um sie in die Disco zu bringen. Sonst hatte sie an mir kein Interesse mehr.
Wie konnte ich nur annehmen, dass mich ein 16-jähriges Mädchen liebte. Ich lebte ein halbes Jahr bei dieser Familie. Mit Manuela war es schon lange vorbei, sie hatte die Scheidung eingereicht. Mir ging es immer schlechter, ich wog nur noch 69 kg, als sich plötzlich eine ältere Dame vom Gesundheitsamt Donauwörth bei mir meldete. Ich habe nie erfahren, wie sie auf mich kam und wer sie veranlasst hatte, mich anzurufen, aber irgendwie war ich froh, als sie sich meldete. Nur helfen konnte sie mir nicht sonderlich. Meine Krankheit saß schließlich viel tiefer, als es die äußeren Symptome verrieten.
In der Nacht vom 29. auf den 30. Oktober erreichte ich einen Tiefpunkt meines Elends. Ich musste mich ständig übergeben, ich wollte nur noch sterben – ich hatte es nicht anders verdient. Ich hatte den Menschen verletzt, der mich wirklich liebte: Marit. Sie liebte mich, das wusste ich, aber es war zu spät. Ich war froh, als diese Nacht zu Ende war. Am nächsten Morgen feierten wir meinen Geburtstag. Es war nichts Besonderes. Marit versuchte, freundlich zu sein, aber ich wusste, dass ich sie verloren hatte.
Es kam Weihnachten und es sollte ein schönes Fest werden. Ich in meiner Kaufsucht bestellte bei einem Versandhaus Weihnachtsgeschenke für die ganze Familie. Marit hatte einen Freund eingeladen. Mit ihm verbrachte sie den ganzen Abend in der verschlossenen Küche, ich war abgeschrieben.
Ab da war es dann vorbei. Die Beziehung zu Marit hielt nur ein paar Monate. Ich wollte nur noch weg, weg aus dieser Familie, die mir das nicht geben konnte, was ich

wirklich brauchte. Mein Herz schrie nach Liebe.

Wieder in einer Einrichtung

Am 9. Januar 1990 holte mich die Dame vom Gesundheitsamt Donauwörth bei Marit ab. Wir fuhren in eine Einrichtung für geistig Behinderte und psychisch Kranke. Dort sollte ich ein Probewohnen machen. Ich hatte immer noch zu kämpfen, da es mir immer noch nicht wirklich gut ging. So sagte ich zu der Stationsschwester M. S., dass ich am nächsten Tag zum Arzt müsste, weil ich solche Magenschmerzen hatte. Sie meinte nur, es läge an der neuen Umgebung, ich müsste mich erst einleben. Aber ich wusste, dass ich Schmerzen hatte. Was wollte sie mir weiß machen? Sie nahm mir meine Schmerzen nicht ab, aber in dieser Nacht erbrach ich wieder und meldete es der Nachtwache. Dies wurde deshalb in das Nachtwachenbuch geschrieben, sodass es die Betreuer am Tage lesen konnten. Den Frühdienst hatte M. S., die mir es nicht abgenommen hatte, dass es mir schlecht ging. Aber als sie las, dass ich erbrochen hatte, veranlasste sie sofort einen Termin bei einem Arzt. Dieser Arzt untersuchte mich genau und stellte eine Unterernährung fest. Er verschrieb mir Tabletten und meinte, ich solle leichte Kost zu mir nehmen und dann steigern. So fing ich an, langsam zu essen und nahm in nur vier Wochen neun Kilogramm zu.

Da ich noch gearbeitet hatte, bekam ich noch ein Restgehalt von 600,– DM. Dies zeigte ich dummerweise meinem Mitbewohner und der hatte nichts Besseres zu tun, als mich an die Betreuer zu verpfeifen. Der Gruppenleiter meinte nur, ich müsste das Geld abgeben, da es zu gefährlich wäre, so viel Geld zu haben.

Auch war ein Urlaub der Gruppe geplant und dafür müsste ich, wenn ich mitwollte, das Geld einsetzen. Ich machte einen Aufstand, weil ich das Geld so ausgeben wollte. Sie meinten dann nur, ich könne das Geld ausgeben, aber nicht bei ihnen. Das hieß so viel: Ich könnte meine Sachen packen und gehen. Das traf mich, und ich war ganz schön wütend. So ging ich in mein Zimmer, um zu packen, denn ich sah nicht ein, dass ich dafür das Geld ausgab. Der Gruppenleiter kam mir nach und redete in Ruhe mit mir. Er erklärte mir die Lage und da sah ich es ein. Außerdem wollte ich auf keinen Fall zurück zu dieser Familie und sonst wusste ich nicht, wohin. Also entschied ich mich, bei ihnen zu bleiben und diesen Urlaub mitzumachen.

Wir fuhren alle nach Italien an den Gardasee. Es war zwar nur eine Woche, aber es war die beste Zeit, um sich in diese Gruppe einzuleben. Im Hotel angekommen, erlebten wir eine schöne Zeit. Mittags hatte ich mich hingelegt, um zu schlafen, als ich plötzlich von M. S. geweckt wurde. Sie fragte mich, ob ich in ihrem Zimmer war, was ich natürlich verneinte. Ich erfuhr, dass mein Mitbewohner im Zimmer von M. S. war, um sich Tabak zu holen. Aber ab diesem Tag verstand ich mich mit M. S. immer besser. Ich sah in ihr nicht die Betreuerin, sondern die Mama, die ich nie haben durfte. Deshalb nannte ich sie immer „Mutschka".

Auf Gruppe „Simon"

Zurück von Italien kam die Zeit, da die vier Probewochen zu Ende gehen sollten. Die Betreuer und die Leitung des Hauses Brunnenhof wurden zusammengerufen, und man holte auch mich zu diesem Gespräch – immerhin ging es ja um mich. Man sagte mir, dass ich mich in den letzten Wochen ordentlich verhalten hätte und man könnte sich gut vorstellen, mich zu nehmen. Ich war so froh, endlich ein Zuhause gefunden zu haben, wo ich mein warmes Bett und eine geregelte Mahlzeit bekam. Wir hatten noch eine Woche Urlaub, dann hieß es arbeiten. Ich hatte doch solche Schwierigkeiten durchzuhalten, aber dort sollte ich es lernen.

Mir wurde die ganze Werkstätte gezeigt, auch mein Bereich, in dem ich arbeiten sollte. Als wir wieder am Anfang waren, führte man mich in die Eingangsgruppe. Dort zeigte man mir, was ich zu tun hätte. Ich setzte mich hin und machte meine Arbeit. Dabei fing ich einfach an zu singen. Ich hatte ein Lieblingslied zu dieser Zeit, „Patrona Bavarie". Dieses Lied sang ich einfach so vor mich hin, als plötzlich ein junges Mädchen zu unserem Chef sagte: „Man, der Typ singt mein Lieblingslied." Dieses Mädchen war so von meinem Gesang begeistert, dass wir ab diesem Zeitpunkt

immer zusammen waren. Ich erfuhr dann ihren Namen, man nannte sie Mary.
Mit Mary erlebte ich eine Beziehung von vier Jahren. Wir trennten uns, als ich meine eigene Wohnung hatte und zum dritten Mal heiratete.
Der erste Arbeitstag ging so schnell vorbei, und ich hatte zum ersten Mal Freude an der Arbeit. Man sagte mir, ich müsse vier Wochen in der Eingangsgruppe bleiben und dann würde man mich in eine andere Gruppe bringen. Ich fing für die restliche Zeit, die mir hier noch bleiben sollte, in der Malerei an. Ich hatte ein gutes Verhältnis zu meinem Chef.
Auf der Gruppe „Simon" und in dieser Einrichtung erlebte ich sehr schöne Tage. Nach einem Jahr Aufenthalt dort wurde eine Außenwohngruppe eröffnet, für die man sich melden konnte. Ich hatte mich auch gemeldet, ich wollte in die Stadt. Aber es kam die Zeit, wo ich es bereuen sollte.
Dann kam der Tag meiner Scheidung von Manuela. Ich musste nicht alleine fahren, Mutschka begleitete mich; sie war eine treue Seele. Es dauerte nicht lange. Nach 15 Minuten war ich geschieden. Der Sachverhalt war eindeutig. Ich war frei von Manuela, frei von allen ihren Verwandten.

Ein Leben in der Außenwohngruppe

Wir packten alle, die wir uns für die Außenwohngruppe gemeldet hatten, unsere Sachen und ab ging es in das neue Haus nach Donauwörth. Wir waren etwa zwölf Bewohner, Frauen und Männer. Die Leitung wurde von Fred S. wahrgenommen. Mit diesem hatte ich mich immer in den Haaren, wir kamen einfach auf keinen grünen Zweig.
Meine Arbeit hatte sich jetzt auch verändert. Ich fing direkt in Donauwörth in der Werkstätte an zu arbeiten. Als Lohn bekam ich 0,45 DM die Stunde. So wollte ich nicht leben. Da ich mich sowieso mit Fred S. nicht verstand, konnte ich mir ein weiteres Leben in dieser Einrichtung nicht mehr vorstellen. Ich war immer noch mit der Gruppe „Simon" verbunden. Immer wieder zog es mich dorthin. Mir fehlte

ehrlich gesagt Mutschka. So fuhr ich irgendwann dorthin, um sie zu besuchen. Ich war so froh, dass sie da war. Sie fragte mich immer: „Bub, wie geht's dir denn?“. Ich sagte ihr ehrlich meine Meinung über diese Außenwohngruppe, dass ich der Meinung wäre, dass es ein Fehler war, dorthin zu gehen. Sie stimmte dem zu. Aber was sollte ich machen. Es gab kein Zurück mehr. Ich blieb noch eine ganze Weile bei ihr und dann fuhr ich zurück nach Donauwörth. Die Arbeit wurde für mich immer schwieriger. Ich bin nicht geschaffen, um jeden Tag das Gleiche zu tun, ich brauchte Abwechslung. Aber ich hielt durch, ich konnte im Moment sowieso nichts ändern. Dann kam irgendwann Carolin, eine junge Frau, zu uns in die Werkstätte, um etwas zu verrichten. Ich weiß nicht mehr, was Carolin eigentlich bei uns tun musste, aber als ich sie sah, verliebte ich mich sofort in sie. Ich suchte immer ihre Nähe. Anscheinend war sie von mir auch nicht abgeneigt, denn sie fing an, mit mir zu flirten. Wir verabredeten uns für das kommende Wochenende, zusammen Essen zu gehen. Ich freute mich wie ein kleines Kind auf sie. Ich zählte die Stunden, bis sie endlich da war. Ich nahm sie in meine Arme und drückte sie zärtlich; zu küssen wagte ich mich noch nicht. Es war ein schöner Tag, der schönste seit langem mal wieder. Wir fuhren in Richtung Wohngruppe, als plötzlich ihr Auto streikte. Ich stieg aus, um zu sehen, was los war. Ich überhörte es, als sie mich Schatz nannte. Als ich wieder eingestiegen war, fragte sie mich, ob ich nicht gehört hätte, wie sie mich nannte. Ich sagte: „Nein.“ Sie sagte nochmals, ich habe dich Schatz genannt. Da küsste ich sie zum ersten Mal. Sie hatte so weiche Lippen, sie schmeckten so köstlich, ich war in diesem Moment der glücklichste Mensch. Wir waren jetzt offiziell ein Paar.

Der große Unfall

Wir verabredeten uns gleich wieder für das nächste Wochenende. Bis dahin hatten wir nicht miteinander geschlafen. Sie kam am Samstagnachmittag zu mir in die Wohngruppe; ich war so aufgeregt. Ständig stand ich an der Haustür, lehnte mich über das Geländer und wartete auf meine Carolin. Da war sie, so schön wie immer, dachte ich. Wir fielen uns in die Arme und küssten uns. Uns war es egal, ob man uns beobachtete. Sie meldete sich noch bei Fred S. und meinte, dass wir Essen gehen würden. Er gab mir Geld mit, damit ich meine Rechnung bezahlen konnte. Aber Carolin sagte mir, dass sie das übernehmen würde. Nach dem Essen fuhren wir in die Pension, wo Carolin übernachtete. Sie schenkte mir an diesem Tag die schönsten Stunden. Wir liebten uns voller Hingabe, wir nahmen und gaben uns gegenseitig. Eines wusste ich: Es war der schönste Moment in meinem Leben. Ich liebte diese Frau. Spät am Abend erhob ich mich aus dem Bett und kleidete mich an. Ich ließ sie nur mit schwerem Herzen zurück. Wie gerne hätte ich diese Nacht mit ihr verbracht, aber dies war leider nicht möglich. Wir erlebten eine schöne Zeit, bis dieser große Unfall kam.

Carolin besuchte mich am Freitagnachmittag. Sie berichtete mir, dass sie schwanger sei und dass sie sich so auf unser Kind freute. Sie wollte mich gleich anrufen, wenn sie zu Hause sei. Ich sagte ihr noch beim Abschied, dass sie langsam fahren sollte, was sie mir auch versprach. So wartete ich auf ihren Anruf, aber es kam keiner. Auch das ganze Wochenende rief sie nicht an. Ich fing an, mir Sorgen zu machen. Ich fragte mich, ob sie es vergessen hätte oder ob sie mich mit Absicht nicht anrief. Mir gingen die verrücktesten Gedanken durch den Kopf. Ich hielt es nicht mehr aus, deshalb rief ich mehrmals bei ihr zu Hause an, aber niemand ging ans Telefon. Ich hatte keine Ruhe. Mir war klar, dass etwas nicht stimmte. Gleich am Montag in der Früh rief ich wieder bei ihr zu Hause an. Diesmal ging ihre Mutter ans Telefon. Ich erzählte ihr, dass Carolin am Freitagnachmittag bei mir gewesen wäre und sie mich anrufen wollte, aber sie sich nicht gemeldet hätte. Ich verlangte nach ihr, aber ihre Mutter sagte mir, dass Carolin einen schweren Unfall hatte. Ihre Mutter erzählte mir den genauen Hergang. Carolin hatte sich ein Fahrzeug geliehen und war auf dem Heimweg. Sie holte ihre Freundin unterwegs ab und beide fuhren auf einer Landstraße, die sehr übersichtlich war. Ihre Freundin saß am Steuer, keiner von beiden war angeschnallt. Irgendwie wollte ihre Freundin ein Fahrzeug überholen, hatte sich aber verschätzt und kollidierte mit einem entgegenkommenden Fahrzeug. Der Aufprall war so stark, dass beide aus dem Fahrzeug geschleudert wurden. Die Folgen des Unfalls waren, dass ihre Freundin in den Rollstuhl musste. Carolin hatte beide Beine mehrmals gebrochen und die Milz musste entfernt werden. Ihr Kiefer war auch gebrochen, sie verlor ein paar Zähne. Aber für uns beide war am schlimmsten, dass sie das Kind verlor. Sie lag mehrere Wochen auf der Intensivstation, die Ärzte kämpften um ihr Leben. Sie war so schwer verletzt, dass die Ärzte keine Hoffnung hatten. Als ihre Mutter mir jede Einzelheit erzählt hatte, brach ich in Tränen aus. Ich schrie meinen Schmerz nur so aus mir heraus. Ich schrie immer: „WARUM NUR?“!

Glaube versetzt Berge

Ich rief jeden Tag bei ihr zu Hause an. Ich wollte wissen, wie es um sie stand. Ich liebte diese Frau. Ich bekam von ihrer Mutter die Telefonnummer des Krankenhauses. Ich rief dort an, aber man wollte mir zuerst keine Auskunft geben. Ich sagte der Schwester, dass ich ihr Freund sei. So wurde ich an die zuständige Ärztin verbunden. Diese sagte mir dann, dass es ein Glück wäre, dass Carolin überhaupt noch lebte. Ihre Verletzungen wären so schwer. Man sagte mir, ich müsste mit allem rechnen. Ich fragte sie, ob sie das Kind verloren hätte, was mir bestätigt wurde. Nach diesem Anruf fühlte ich eine Leere in mir, die ich bis dahin nicht kannte. Ich weiß nicht, wie lange ich weinte, aber ich wollte mich nicht mit dem zufrieden geben, was die Ärzte glaubten.

Da lag die Frau, die ich liebte, im Krankenhaus und kämpfte ums Überleben. Ich wusste, dass sie mich jetzt dringend brauchte. Nach einer Woche schlug mir meine Betreuerin vor, mich ins Krankenhaus zu fahren. Dies nahm ich mit Freuden an. Endlich durfte ich Carolin sehen, endlich konnte ich bei ihr sein. Ich wusste nicht, was mich erwarten würde. Aber mir war es ehrlich gesagt egal, Hauptsache ich war bei ihr. Im Krankenhaus angekommen, ging ich direkt zur Information und erkundigte mich, wo Carolin lag. Man fragte mich zuerst, ob ich ein Verwandter sei. Ich sagte, dass ich ihr Freund wäre. Man sagte mir, dass sie immer noch auf der Intensivstation läge. Man schickte mich direkt dorthin. So fuhr ich mit dem Aufzug in die richtige Etage. Dort musste ich nach dem Klingeln an der Türe geschützte Kleidung anziehen und dann wurde ich zu ihr gebracht. Carolin war zufällig wach. Sie sah wie ein Häufchen Elend aus. Sie konnte sich nicht richtig bewegen, da sie mit vielen Schläuchen verbunden war. Immer wieder sprach ich mit ihr und ermutigte sie, durchzuhalten und zu kämpfen. Ich konnte meine Tränen nur schwer zurückhalten. Nach fünf Minuten kam die Schwester zu mir und meinte, ich müsse wieder gehen, da Carolin viel Ruhe bräuchte. Draußen angekommen, fing ich laut an zu weinen, ich schrie immer wieder: „Oh Gott, lass sie nicht sterben, nimm sie mir nicht." Ich weiß nicht warum, aber ich fing an zu beten. Ich hatte keine Beziehung zu Gott, ich kannte ihn überhaupt nicht. Aber eines glaubte ich schon immer, dass es einen Gott geben müsste.

So ging ich, wenn es die Zeit erlaubte, in die Kirche, um für Carolin zu beten. Nur Gott konnte ihr jetzt noch helfen, und dafür wollte ich mich stark machen, egal wie lange es dauern würde. Ich hätte für sie Tag und Nacht gebetet. So setzte ich mich in die Kirche, immer in die erste Reihe links, und dort vergoss ich viele Tränen. Ich betete nur um das eine: dass er mir Carolin nicht nehmen, dass er ihr das Leben schenken würde. Ich betete zu den Mahlzeiten, am Abend, zu jeder Tageszeit. Meine Mitbewohner machten sich schon über mich lustig. Sie konnten nicht wissen, warum ich dies tat. So verging eine Woche um die andere, bis ich die gute Nachricht bekam: Carolin war auf eine normale Station verlegt worden und sie verlangte nach mir, wollte mich sehen. Das war für mich der schönste Augenblick. Meine Gebete waren erhört worden. So fuhr ich einen Tag nach dieser Nachricht zu ihr. Ich freute mich auf sie. Aber was ich dann zu hören bekam, damit hatte ich nicht gerechnet. Sie erzählte mir, dass sie neben mir immer einen Mann hatte, mit dem sie zusammen war. Sie hatte die ganze Zeit einen Freund und fuhr zweigleisig. Ich verstand die Welt nicht mehr. Wieder einmal wurde ich betrogen. Dies sollte vorerst das letzte Mal sein, dass ich Carolin sehen sollte. Aber eines hatte ich trotzdem erreicht: Mein Glaube, dass sie gerettet werden sollte, hat Berge versetzt.

Der erste Schritt in ein selbstständiges Leben

Wieder angekommen in der Außenwohngruppe, nahm ich mir ernsthaft vor, mein Leben wieder in die eigenen Hände zu nehmen. Ich arbeitete weiter in dieser Werkstätte für Behinderte, aber ich wollte mich finanziell nicht mehr ausbeuten lassen. Seit dem Einzug in die Außenwohngruppe waren fast drei Jahre vergangen. So ging ich auf das Arbeitsamt und erkundigte mich über Arbeitsmaßnahmen. Man bot mir einen Kurs an, um den Einstieg in den freien Arbeitsmarkt leichter zu machen. Nach Beendigung dieses Lehrganges wurde ich an die Augsburger Wach- und Schließgesellschaft vermittelt, um dort ein Praktikum zu absolvieren. Das Praktikum dauerte neun Monate. Meine Aufgabe bestand darin, dass ich sowohl in der Nacht als auch am Wochenende an einer Pforte saß und das Telefon bedienen musste, falls ein Alarm oder sonst etwas gemeldet wurde. In den Aufgaben waren auch Rundgänge über das gesamte Gelände inbegriffen. So hatte ich eine große Verantwortung. Mein Chef Herr L. war mit mir sehr zufrieden, sodass er mich nach dem Praktikum übernahm. Das war der erste Schritt in ein selbstständiges Leben. Irgendwann wurden mir neue Aufgaben übertragen. Herr L. wollte mich als Revierfahrer einsetzen. So wurde ich von einem Kollegen eingelernt. Dieser Dienst wurde nur in der Nacht ausgeführt. Wir fuhren verschiedene Firmen an und überprüften, ob alles verschlossen war. Ich empfand diese Aufgabe als nicht schwierig, es machte Spaß, mit dem Fahrzeug umherzufahren. Tagsüber schlief ich die meiste Zeit. Da ich aber im Wohnheim keine Ruhe fand, überlegte ich mir, eine eigene Wohnung zu suchen. Aber vorerst ließ ich alles so laufen, wie es war. Die freien Abende verbrachte ich meistens sinnlos in einer Pils-Bar. Den Tipp hatte ich von meinem Kollegen; seine Tochter war die Besitzerin. So ging ich mit dem Gedanken dorthin, sie näher kennenzulernen. Doch ich wusste vorerst nicht, dass sie einen Freund hatte. Aber ich ging trotzdem an meinen freien Tagen hin und so kam es, dass ich von Simone gesehen wurde. Ich habe sie gar nicht bemerkt. Irgendwann grüßte sie mich, als sie kam, um etwas zu trinken. Erst da fiel sie mir auf. Ich habe ihr dann etwas zu trinken spendiert und so kamen wir ins Gespräch. Irgendwann waren wir dann zusammen und schon bald wohnte ich bei ihr. Aber ich merkte recht schnell, dass wir nicht zusammenpassten. Ich war ja immerhin noch psychisch krank. Sie, die am Tage arbeitete, und ich, der in der Nacht arbeitete – wie sollte das gut gehen? Nach etwa vier Wochen war der Spuk mit uns vorbei. Sie meinte, ich solle meine Sachen packen und gehen. Aber wohin sollte ich gehen, ich hatte keine Wohnung. So blieb mir nur eins übrig: Ich rief meinen Chef an und bat ihn, mir zu helfen. Herr L. besorgte mir eine vorläufige Unterkunft. Aber er meinte, dass dies keine Lösung auf Dauer sei, ich bräuchte eine richtige Wohnung. So beantragte ich mir einen Wohnungsberechtigungsschein und ging damit zu einer Baugenossenschaft. Der Leiter dieses Amtes rief meine gesetzliche Betreuerin an – inzwischen hatte ich eine neue Betreuerin. Er sprach lange mit ihr; anscheinend hatte er eine Zwei-Zimmer-Wohnung voll möbliert, aber ich musste die Möbel übernehmen. Sie stimmte zu und überwies den Betrag, den er verlangte. So zog ich nach drei Jahren aus dieser Einrichtung in meine eigene Wohnung. Dies war der zweite Schritt in ein selbstständiges Leben.

Meine Geliebte wird zur Freundin

Simone und Carolin waren vergessen. Ich hatte meine eigene Wohnung und einen festen Arbeitsplatz. Was wollte ich mehr? – Ich wollte endlich eine Partnerin, die mich so nimmt, wie ich war, die mich liebte und mir die Liebe gab, die ich nie hatte – so dachte ich. Ich ging weiter zu meiner Arbeit; und dann kam mein 33. Geburtstag. Ich hatte eine gute Freundin in Stuttgart, sie war eher meine Geliebte. Ich nannte sie immer Irmi. Sie sollte später meine dritte Frau werden. Sie war verheiratet, aber wir hatten ein Verhältnis. Immer wieder trafen wir uns in der Zeit, als ich noch in Stuttgart lebte, um miteinander zu schlafen. Ich lud sie zu meinem Geburtstag ein. Sie kam auch tatsächlich, aber sie brachte ihre Schwester Regina mit. Ich musste beide Damen an einer Tankstelle abholen, da Irmi den Weg nicht fand. Mein Chef gab mir zu meinem Geburtstag frei, so konnte ich gemütlich mit Irmi und Regina feiern. Als wir in meiner Wohnung angekommen waren, ging es erst mal ins Schlafzimmer. Irmi und ich waren so ausgehungert nach Zärtlichkeit und Liebe. Heute weiß ich, dass es keine Liebe war, denn Liebe beginnt immer im Herzen. Es war nur pure Hingabe und Leidenschaft. Am Abend kam mein Bruder Walter zu Besuch. Er war von Regina so begeistert, dass er ständig an ihr dranhing. Mir war dies schon fast peinlich, aber sie mussten selbst wissen, was sie taten. Alt genug waren sie.

Am nächsten Abend musste ich wieder zur Arbeit. Ich ging wie immer um 21.00 Uhr aus dem Haus und kam um 6.00 Uhr in der Früh zurück. Als ich meine Wohnung betrat, saßen alle drei noch im Wohnzimmer. Irmi kam auf mich zu und sagte mir: „Ich habe eine Überraschung für dich." Ich fragte sie, was es sei. Sie meinte: „Ich bleibe von nun an bei dir." Ich dachte, ich höre nicht richtig. Daher fragte ich sie noch mal, weil ich wirklich dachte, ich hätte mich verhört: „Wie, du bleibst bei mir?". Daraufhin sagte sie mir: „Ich lasse mich von meinem Mann scheiden." Ich wusste nicht, was ich sagen sollte. Alles, was ich sagte, war: „Na gut!". Ich wusste auch nicht, ob ich mich freuen sollte. Jetzt hatte ich plötzlich alles: eine feste Arbeit, eine Wohnung und eine Frau.

Der Beginn meiner dritten Ehe

Nun also lebte Irmi bei mir in Donauwörth. Irmi und ich fuhren nach Stuttgart, um ihre Sachen zu holen. Ihr Mann wusste noch nichts, aber als Irmi es ihm sagte, kam keine Reaktion seinerseits. Liebte er sie überhaupt, liebte ich sie – ich weiß es nicht. Jedenfalls nahm sie ihre ganze Habe und ihre Tochter mit.

Zu dritt fuhren wir nach Donauwörth zurück. Ich ging meiner Arbeit nach und auch

Irmi suchte sich eine Halbtagsarbeit. Sie fing wieder als Verkäuferin an. Am nächsten Wochenende schickte Irmi ihre Tochter zu ihrem Vater. Ich hatte große Bedenken, dass sie sie wiedersehen würde; das sagte ich ihr auch. Aber sie nahm meinen Rat nicht an. So kam es, dass ihr Mann seine Tochter nicht zurückschickte, sondern sich das Sorgerecht unter den Nagel riss. So waren wir von nun an alleine, ohne ihre Tochter. Irmi litt sehr darunter. Aber ein Jahr später kam in mir der Wunsch auf, nach Stuttgart zu ziehen. Ich besprach das mit Irmi und sie war einverstanden. So kündigten wir unsere Arbeitsstellen und suchten uns eine Wohnung in Stuttgart. Wir zogen nach Hedelfingen in eine Zwei-Zimmer-Wohnung. Ich suchte mir wieder eine Stelle bei einer Wach- und Schließgesellschaft. Auch Irmi bewarb sich wieder als Verkäuferin, hatte jedoch keine Chance mehr, übernommen zu werden. So fing sie in einem anderen Lebensmitteldiscounter an. Aber immer wieder wurde sie krank, weil sie ständig der Kälte ausgesetzt war. Irgendwann war Irmi so krank, dass sie dort nicht mehr arbeiten konnte. Ich brachte sie dann zu mir in die Firma und ihr Einsatzort war auf dem Stuttgarter Flughafen. Ihre Aufgabe bestand darin, die Passkontrolle vorzunehmen.

Ein wahres Wunder

1996 entschlossen wir uns zu heiraten, nachdem unser Sohn Manuel geboren wurde. Manuel kam als Frühgeburt auf die Welt. Er war so winzig, er hatte gerade mal 930 Gramm und war nur 36 cm groß. Man holte ihn nach der Entbindung sofort mit dem Krankenwagen ab und brachte ihn in das Olgahospital. Dort legte man ihn in einen Brutkasten. Er lag insgesamt fünfeinhalb Monate drin. Jetzt waren wir eine kleine Familie. Ich war Vater und dieses Mal konnte niemand sagen, dass dieses Kind nicht von mir wäre. Ich wusste, dass Manuel mein Sohn war.Aber ich traute mich lange nicht, ihn auf den Arm zu nehmen. Ich hatte immer wieder Angst, ich könnte ihm wehtun oder ihm etwas brechen.

Nach fast sechs Monaten Klinikaufenthalt konnten wir Manuel endlich mit nach

Hause nehmen. Auch zu Hause mussten wir ihn an Schläuche anschließen, weil immer wieder der Atem aussetzte. Denn falls es dazu kam, wurden wir durch diese Maschine gewarnt. Aber Manuel war von Natur aus ein Kämpfer, er wollte leben. Das bewies er uns schon im Brutkasten. Er erholte sich ziemlich schnell und wurde größer und größer. Für uns war es ein wahres Wunder, dass sich dieses Kind so erholte. Natürlich würde Manuel viel Pflege brauchen und Therapien, aber wir wollten alles dafür tun.

Der Fotograf

Nachdem ich wieder einen dieser Anfälle bekam, verbreitete sich dies im ganzen Unternehmen. Der Betriebsrat machte dies bekannt. Das war für mich Grund genug, diese Firma zu verlassen. Aber ich hatte nicht damit gerechnet, dass sie auch Irmi feuerten. So bewarb ich mich bei der Industriebewachung in Stuttgart. Unsere Aufgabe war es, die U-Bahnhöfe von Obdachlosen und Pennern frei zu halten. Des Weiteren mussten wir auch Sorge tragen, dass dort nicht geraucht wurde. Aber auch diese Stelle verlor ich wieder. So war ich vorerst mal arbeitslos. Wir hatten keine finanzielle Quelle, so beantragten wir Sozialhilfe, die uns auch gewährt wurde. Wir bekamen alles, was wir für unseren Sohn und uns brauchten.

Mitte 1997 erkundigte ich mich auf dem Arbeitsamt, welche Möglichkeiten für mich bestünden, eine Ausbildung zu machen. Man bot mir eine Umschulung zum Berufskraftfahrer an, die ich bei der Dekra-Akademie machen sollte. Die Kosten für den Führerschein der Klasse 2 würde das Arbeitsamt übernehmen, auf mich würden keine Kosten zukommen. So entschloss ich mich, die Umschulung von einem Jahr zu machen und mich als Kraftfahrer ausbilden zu lassen. Es war eine große Herausforderung, die auf mich zukam, mit all den technischen Begriffen; aber ich wollte das zu Ende bringen. So verging die Zeit und ich durfte den Führerschein der Klasse 2 machen. Es war schon ein tolles Gefühl, in so einem großen Fahrzeug zu sitzen und es selbst zu fahren. In mir stieg die Abenteuerlust auf. Ich fühlte mich wie der Kapitän der Landstraßen. Aber auch in dieser Zeit kamen dunkle Wolken über mich. Ich lebte nun schon zwei Jahre mit Irmi zusammen und wir hatten eigentlich eine schöne Zeit, aber finanziell waren wir nicht gut gestellt. Irmi war nun schon seit der Geburt von Manuel ständig zu Hause und hatte somit auch freie Zeit. Es kam der Tag, da wir kein Geld hatten. Da holte sie mich von der Arbeit ab und meinte, dass wir einkaufen gehen könnten, sie hätte 100,– DM. Ich fragte sie, woher sie das Geld hätte. Da gestand sie mir, dass sie in Esslingen von jemandem, der Fotograf wäre, angesprochen wurde und sich in unserer Wohnung fotografieren ließ. Da wurde ich neugieriger und fragte genauer nach, um welche Bilder es sich handelte. Sie gestand mir, dass sie sich habe nackt fotografieren lassen für irgendein pornografisches Heft. In mir schrie alles auf. Wieder einmal kam ich mir betrogen vor. Sie kam mir so billig und wie eine Nutte vor. Der größte Schock war aber für mich, als sie mir erzählte, dass der Typ sie fragte, ob ich mich mit ihr zusammen fotografieren ließe, wenn wir Sex in verschiedenen Stellungen machen würden. Daraufhin schaltete ich die Polizei ein und zwei Männer von der Kriminalpolizei kamen bei uns vorbei. Sie meinten, Irmi sollte einen Termin mit diesem Fotografen ausmachen und ihn nochmals herbestellen, aber sie hatte ihn nicht mehr erreicht. In mir zerbrach jedes Vertrauen. Wie konnte ich dieser Frau auch nur noch ein Wort glauben. Ab diesem Moment war in mir eine ständige Angst, dass sie sich wieder auf so etwas einlassen würde. Dieses Ereignis veränderte unsere ganze Ehe. Innerlich entfernte ich mich von dieser Frau. Wir haben nie wieder über diese Situation gesprochen, ich wollte davon nichts mehr hören.

Wieder Hilfsarbeiter

Die Umschulung war vorbei und somit war ich wieder Hilfsarbeiter. Das einzige, was mir diese Ausbildung einbrachte, war, dass ich den LKW-Führerschein jetzt hatte. Aber ich konnte es zu Hause nicht aushalten. Mir hing immer noch die Sache mit dem Fotografen in den Knochen. So machte ich mich tagsüber auf und suchte mir eine Stelle als Fahrer. Es dauerte eine Weile, bis ich endlich was bekam. Ich fing bei einer Firma an zu fahren, aber ich war froh, dass ich nicht alleine fahren musste, denn wir fuhren auf einem LKW immer zu zweit. Mein Mitschüler hatte sich vermutlich schon vor mir dort beworben und so hatte ich jemanden, den ich schon kannte. Unsere Strecke war eigentlich immer dieselbe: Wir fuhren Bremen–Hamburg–Stuttgart. Der LKW stand nie still, immer wurde im Wechsel gefahren. So war ich von nun an unter der Woche auf den Autobahnen und bekam nicht mehr viel von zu Hause mit. Mit Irmi lebte ich mich in dieser Zeit völlig auseinander. Fast sechs Wochen arbeitete ich nun schon in dieser Firma, als wir mit unserem LKW in Hamburg am Hafen waren und Stahlträger aufluden. Ich war an der Reihe dran zu fahren. Die Abladestelle war in Stuttgart-Weilimdorf. Dort angekommen nahm mein Kollege meine Tachoscheibe aus dem Schreiber und zerriss sie und meinte noch obendrein, ich sollte abladen und nach Bremen fahren. Da machte ich nicht mit. Meine Lenkzeit war voll und ich fuhr schon neun Stunden. Er stellte mich vor die Wahl: Entweder würde ich fahren oder ich könnte gehen. Ich zog das Zweite vor und rief Irmi an, um mich abzuholen. So war ich wieder arbeitslos, aber ich war nicht lange zu Hause. Es folgten noch zwei weitere Stellen als Fahrer, auf die ich jetzt nicht genauer eingehen möchte. Nachdem ich auch diese Stellen verloren oder gekündigt hatte, saß ich nur zu Hause. Ich hatte keine Lust mehr auf Stuttgart. Ich überlegte mir, mit meiner Familie, also mit Irmi und Manuel, wieder nach Bayern zu ziehen. Ich sprach das mit Irmi durch und sie stimmte zu. So setzte ich mich mit Herrn L. wegen eines Arbeitsplatzes in Verbindung.

Wieder in Donauwörth

So zogen wir am 16.10.1997 wieder zurück nach Donauwörth. Herr L. sagte mir bei unserem Telefonat, dass ich gleich anfangen müsste und er nicht mehr bei der Augsburger Wach- und Schließgesellschaft wäre; er wäre in einer anderen Firma. Mir war dies egal, Hauptsache ich war wieder in Bayern. So fing ich gleich am nächsten

Tag an zu arbeiten. Ich hatte nicht einmal die Zeit, richtig anzukommen, geschweige denn, Irmi zu helfen, die Kartons auszupacken. Man setzte mich wieder an die Pforte, die ich damals bei dem Praktikum auch besetzte. Irgendwann wurde ich dann doch wieder als Revierfahrer eingesetzt.
Nach Feierabend in der Früh fuhr ich zu einer Bekannten aus der Behinderteneinrichtung. Ich sah sie durch das Fenster, wie sie das Frühstück zubereitete. Auch sie sah mich und kam zur Haustür. An diesem Morgen küssten wir uns. Wir haben uns dann noch einmal gesehen, sie gefiel mir schon immer.
Ich erzählte Irmi diesen Vorfall, weil ich ehrlich sein wollte. Aber Irmi war so wütend, dass sie sich volllaufen ließ und mich anschrie: „Du willst eine Nutte, hier hast du eine.“ Sie warf mich aufs Bett, riss mir die Kleider vom Leib und fiel über mich her. Ich kam mir so schmutzig vor, so benutzt. Ich weiß nicht, warum ich sie nicht weggestoßen habe, aber in mir zerbrach alles. Diese Frau ekelte mich nur noch an. Seit diesem Vorfall habe ich nie wieder mit ihr geschlafen. Ich konnte sie nicht mehr anrühren. In mir war keine Liebe mehr für sie.
Zurück zu meiner Arbeitsstelle: Ich kündigte nach drei Monaten das Arbeitsverhältnis wieder. Ich hatte es so satt, ständig nur als Hilfsarbeiter zu schuften. Ich wollte endlich etwas Gescheites aus mir machen. Ich war fest daran interessiert, eine Ausbildung als Schreiner zu machen. Den Betrieb hatte ich auch schon, der bereit war, mich auszubilden. Es müsste nur noch das Arbeitsamt mitspielen. Deshalb ging ich im neuen Jahr auf das Arbeitsamt, um mich zu erkundigen, welche Möglichkeiten für mich bestanden, diese Lehre als Schreiner zu machen. Ich wurde genau über die verschiedenen Möglichkeiten informiert. Man schlug mir vor, im Kolping-Bildungswerk eine Umschulung zum Tischler zu machen. Das hörte sich gut an. Nachdem ich gefragt hatte, ob ich am Schluss auch einen Gesellenbrief bekommen würde, sagte man mir, dass ich ein Zertifikat bekommen sollte. Mir war es wichtig, dass diese Ausbildung als Beruf anerkannt wurde. Dies wurde mir zugesichert, so fing ich im Frühjahr meine Ausbildung als Tischler im Kolping-Bildungswerk an.

Endlich wieder eine Aufgabe

Die Schreinerei war ein kleiner Betrieb. Es waren vielleicht fünf Arbeiter, mich mit eingeschlossen. Unser Meister war ein netter Mann, ich mochte ihn. Ich war zufrieden, die Arbeit machte mir großen Spaß und ich hatte seit langem wieder Freude am Leben. Einmal die Woche ging es in die Berufsschule, ich wurde gut angenommen. Gleich am ersten Schultag schrieben wir eine Arbeit. Der Lehrer stellte es mir frei, mitzuschreiben oder nicht, da ich neu in der Schule war und das Thema nicht kannte. Ich entschied mich mitzuschreiben. So verging die Zeit und wir lebten als kleine Familie.

Immer wieder kam es vor, dass Irmi und ich uns in den Haaren hatten. Die Abstände unserer Streitereien wurden immer kürzer; es ging immer um das gleiche Thema: Geld. Obwohl ich das Geld heimbrachte, konnte ich mir nicht das kaufen, was ich wollte. Immer wieder warf sie mir vor: „Immer von meinem Geld." Das waren ihre Worte. Ihr war es egal, ob andere Menschen um uns standen, Hauptsache sie konnte mich demütigen. Daran hatte sie ihre Freude.

Am Anfang sagte ich noch was, aber irgendwann nahm ich sie nicht mehr für voll.

Ich ging weiter im Kolping-Bildungswerk meiner Ausbildung nach. In den Ferien nahm ich mir dann Zeit für meine Kinder (ihre Tochter war inzwischen bei uns, da ihr leiblicher Vater verstorben war.). Irmi und ich hatten uns durch die ganze Streiterei entfremdet, wir lebten nur noch nebenher. Ich hatte kein Interesse mehr an ihr, ich wollte es beenden, wusste aber nicht wie.

Dann kamen endlich die Ferien, keine Schule, keine Arbeit, ich konnte mir für mich und meine Kinder mal Zeit nehmen. Manuel hatte sein 2. Lebensjahr erreicht. Seinen Geburtstag feierten wir mit viel Liebe, es sollte ein schöner Tag werden. Aber unsere Ehe war am Zerbrechen, wir redeten kaum noch miteinander, nur das Notwendigste. Wir beschlossen, noch einmal nach Esslingen zu ihrer Mutter zu fahren. Es war ein schöner sonniger Tag, ein Samstag. Irgendwie kamen wir auf das Thema Herzinfarkt und Schlaganfall. Ich weiß noch, dass ich gesagt habe, ich bekomme so etwas nicht.

Daraufhin meinte Irmi nur: „Sag so was nicht, das kann schneller gehen, als du denkst.“ Ich sagte dazu nichts mehr.

Der große Schlaganfall

Wir fuhren am Abend wieder nach Hause. Am nächsten Tag gingen wir spazieren, als Irmi mir sagte, sie sähe Doppelbilder und ihr linker Arm wäre taub. Ich sagte zu ihr, dass wir morgen gleich zum Arzt gehen würden. Mir war da noch nicht klar, dass es Vorboten eines schweren Schlaganfalls sein sollten. Am Montagmorgen stand ich um 7.00 Uhr auf, obwohl ich Ferien hatte. Ich konnte nicht länger schlafen. Auch Irmi kam zum Frühstück. Ich goss ihr den Kaffee ein, sie rührte ihn nicht an. Da fragte ich sie, warum sie ihn nicht trinken würde. Daraufhin sagte sie irgendetwas, was ich aber nicht verstand. Wieder fragte ich sie und wieder verstand ich sie nicht, bis ich sie fragte, wie es ihr ginge. Sie meinte: „Es geht mir gut.“ Aber ich sah sie an und sagte ihr: „Dir geht es nicht gut.“ Ich schaute sie mir genauer an und stellte fest, dass ihre untere Lippe auf der linken Seite leicht nach unten hing. Ich sah auch ihren linken Arm, wie er so auf ihrem Schoß lag. Da stand ich auf, ging zu meinem Nachbarn und klingelte ihn aus dem Bett. Ich bat ihn, den Rettungswagen zu rufen, da ich glaubte, dass meine Frau einen Schlaganfall hatte. Zu diesem Zeitpunkt wusste ich noch nicht, wie schwer dieser Schlaganfall wirklich war. Als ich wieder bei mir in der Wohnung war, lag Irmi auch schon bewusstlos auf dem Fußboden. Ich hob sie auf und trug sie ins Schlafzimmer. Meine Nachbarin kam herüber und übernahm Manuel. In der Zwischenzeit rief ich Irmis Mutter an und informierte auch meine Schwester Ramona. Endlich kam der Notarzt, der meinen Verdacht bestätigte.

Sie kam sofort mit Blaulicht ins Donauwörther Krankenhaus. Ich verständigte meinen Chef. Dieser gab mir eine Woche zusätzlichen Urlaub, damit ich alles regeln konnte. Am nächsten Tag rief ich die zuständige Ärztin an. Sie sagte mir, dass ein Drittel des Gehirns geschädigt wurde. Irmi hatte zwischen 6.00 und 7.00 Uhr morgens einen schweren Schlaganfall erlitten.

Irmi im Krankenhaus

Irmi lag im Krankenhaus. Sie sah nicht gut aus. Man sah es ihr deutlich an, dass sie einen Schlaganfall hatte. Ich konnte sie nur sehr schwer verstehen. Jetzt war ich mit Manuel allein zu Hause, Irmis Tochter brachten wir zu ihrer Tante nach Stuttgart. Eine Woche hatte ich ja Extraurlaub bekommen, aber was sollte ich nach dieser Woche mit Manuel machen? Ich fragte mich immer wieder, wohin ich ihn bringen konnte. Ich beschloss, zur Krankenkasse zu gehen, um mich zu erkundigen, inwieweit ich Hilfe bekam. Man sagte mir, wenn ich ihn unterbringen könnte, würde man mir finanzielle Unterstützung gewähren. So fragte ich Freunde, ob sie ihn unter der Woche nehmen könnten.

Als ich Manuel in der zweiten Woche sonntags hinfahren wollte, weinte er am laufenden Band. Er weigerte sich, wieder dorthin zu gehen. Ich dachte mir nichts dabei. Später kam aber der Verdacht auf, dass Manuel vermutlich sexuell missbraucht wurde. So ließ ich den Jungen bei mir. Ich telefonierte mit meinem Chef und sagte, dass ich nicht kommen könnte, da ich meinen Jungen bei mir hatte. Ich musste mir etwas anderes überlegen. Da fiel mir meine Schwiegermutter ein. Ich rief sie an und bat sie, zu mir zu kommen und mir zu helfen. Sie erklärte sich sofort bereit, ich musste sie jedoch von Esslingen abholen. So hatte ich wenigstens wieder ein bisschen Luft, aber das blieb nicht lange so. Irmi war nun schon mehrere Wochen im Krankenhaus und mir wuchs die ganze Sache über den Kopf. Ich war auch nur ein Mensch und keine Maschine.

Ich ging nach meinem Urlaub wieder ins Kolping-Bildungswerk, um meine Umschulung fortzusetzen. Ich fuhr alle zwei Tage nach Feierabend mit dem Zug zu Irmi nach Günzburg, da man sie dorthin verlegt hatte. Wenn ich spät am Abend nach Hause kam, kümmerte ich mich um Manuel. Ich unterstützte meine Schwiegermutter, wo ich nur konnte, aber an allem, was ich unternahm, hatte sie ständig etwas auszusetzen. Irgendwann platzte mir der Kragen. Wir bekamen uns so in die Haare, dass ich wütend aus dem Haus ging. Ich setzte mich ins Auto und fuhr zu Irmi in die

Klinik. Da sagte sie mir: „Nimm mich mit nach Hause.“, was ich natürlich nicht wollte. Meiner Meinung nach brauchte sie noch ärztliche Versorgung, außerdem sollte sie noch in eine Rehaklinik verlegt werden. Aber sie bestand darauf, dass ich sie mitnahm. Sie ließ sich dann auf eigene Verantwortung entlassen. So war ich gezwungen, sie mitzunehmen. Zu Hause angekommen, setzte sie sich ins Wohnzimmer. Nun hieß es, ihr einen Platz zu suchen. Wieder musste ich mich mit der Krankenkasse in Verbindung setzen, wieder ein Tag Urlaub.

Inzwischen ging es mir psychisch immer schlechter, ich erreichte einen Tiefpunkt. Keiner von den beiden fragte mich, wie es mir eigentlich ging. Nach zwölf Wochen war ich so ausgelaugt und ohne jede Kraft, dass ich in der Arbeit zusammenbrach und einen psychogenen Anfall bekam. Daraufhin wurde das Arbeitsamt eingeschaltet. Dieses veranlasste, dass die Umschulung zum Tischler sofort abgebrochen wurde. Somit war ich wieder arbeitslos und saß nur zu Hause herum, was sich natürlich auch auf meine Stimmung auswirkte.

Die Rehaklinik und der Liebhaber

Nach neun Wochen hatten wir für Irmi endlich eine Rehaklinik am Bodensee gefunden. Man genehmigte drei Wochen. Ich brachte Irmi mit ihrer Mutter und Manuel dorthin. Wir fuhren fast drei Stunden. Es war eine schöne Klinik, und wir blieben bis zum Abend; dann machten wir uns auf den Heimweg. Zwischen meiner Schwiegermutter und mir fiel nicht ein Wort. Wir hatten uns nichts mehr zu sagen. Lag es an den ständigen Streitereien? – Ich weiß es nicht.

Zu Hause angekommen, brachte ich Manuel nach dem Essen ins Bett. Es tat gut, mal alleine zu sein. Ich genoss die Stille bei Manuel im Schlafzimmer. Ich beobachtete ihn eine ganze Weile.

Die drei Wochen vergingen wie im Flug. In diesen drei Wochen besuchten wir, also ihre Mutter, Manuel und ich, Irmi zwei Mal. Als wir dort ankamen, begrüßte ich Irmi auf die normale Art; ich war kalt zu ihr, nichts zu spüren von Liebe, in mir war ihr

gegenüber alles erkaltet.
Ich wusste nicht, dass sie sich einen Liebhaber gesucht hatte. Sie gestand es mir, als sie wieder zu Hause war. Diese Frau ekelte mich so an, ich wollte nur noch weg. Ich musste fast jeden Abend erleben und mit anhören, wie sie mit diesem Kerl telefonierte. Irgendwann platzte mir der Kragen; nicht nur weil sie mich betrogen hatte, nein, weil sich ihre Mutter auch noch auf ihre Seite gestellt hatte. So ging ich in die Küche und holte mir eine große Dose Bier aus dem Kühlschrank und trank sie in weniger als zehn Minuten aus. Dann holte ich mir noch eine. Da ich nichts gegessen hatte, wirkte sich das schnell aus, sodass ich stark angetrunken war. Ich verließ das Wohnzimmer und ging mit der zweiten Dose Bier ins Schlafzimmer. Irmi kam mir nach und hatte die Dreistigkeit, mich auch noch zu fragen, was los wäre. Ich sagte ihr nur: „Ich verlasse dich." Darauf wusste sie nichts zu sagen. Ich ging ans Telefon und rief meine Betreuerin mit der Bitte an, mir zu helfen, dass ich eine Wohnung bekommen würde. Sie wollte wissen, warum ich die eheliche Wohnung verlassen würde. Ich erzählte ihr die ganze Sache aus meiner Sicht.
So zerbrach meine dritte Ehe. Ich verließ Irmi und die Kinder. Aber ich sollte sie später noch mal treffen.

Ich ließ meine Familie zurück

So verließ ich meine Familie, die für mich keine Familie war, denn ich fühlte mich von ihr im Stich gelassen. In der ganzen Zeit des Schlaganfalls und der Versorgung von Irmi und Manuel wurde ich nicht einmal gefragt, wie es mir eigentlich geht. Es interessierte sie nicht. Das war für mich so verletzend und enttäuschend.
Ende Oktober 1999 zog ich aus der ehelichen Wohnung aus. Mir war es so egal, was aus Irmi und den Kindern werden würde. Sollte sie doch selbst schauen, wie sie jetzt ohne mich zurechtkam. Ich zog ein paar Orte weiter. Dort bekam ich ein Zimmer. Es war nicht sehr groß, aber es sollte reichen. Ich hatte sogar eine Terrasse dabei. So richtete ich mich ein. Was an Möbeln noch fehlte, besorgte mir meine Betreuerin.

Der Schrei nach Liebe

Zu diesem Zeitpunkt wusste ich jedoch noch nicht, wie schlecht es mir in Wirklichkeit ging. Ich war so sehr psychisch angeschlagen, dass ich weder Ein noch Aus wusste. Meine Betreuerin besorgte mir eine Arbeit in einer Werkstatt für psychisch Kranke. Dort zeigte man mir, was ich zu tun hatte. Ich konnte nur mit Mühe folgen. Es fiel mir so schwer, mich auf die Arbeit zu konzentrieren. Etwa zwei oder drei Wochen später hatte ich den Tiefpunkt meiner Kraftlosigkeit und meiner psychischen Erkrankung erreichte. Wie jeden Tag war ich zur Arbeit gegangen. Nach Feierabend schlenderte ich in Gedanken an meinen Sohn Manuel versunken durch die Stadt. Ich wollte so nicht mehr leben. Er fehlte mir, sein Lachen, seine Nähe, seine Umarmungen. So kam ich über eine Eisenbahnbrücke. Diese Brücke hatte über den Eisenbahnschienen noch ein Vordach. Man konnte gut darauf stehen. Dort auf der Eisenbahnbrücke hielt ich inne und lehnte mich über das Geländer. Ich dachte: Wenn ich jetzt darüber steige und einfach springe, wenn ein Zug kommt, ist alles vorbei. Keine Sorgen mehr, keine psychische Erkrankung mehr, keiner mehr, der mich ständig verletzt – es ist einfach alles aus. Ich weiß nicht warum, aber als ich über das Geländer stieg, habe ich nicht einmal mehr an Manuel gedacht. Ich wollte nur noch springen. So stand ich nun auf diesem Vordach der Eisenbahnbrücke und wartete, bis ein Zug kommen sollte. Ich weiß noch, dass zwei Fahrzeuge hinter mir hielten und die Fahrer mich fragten, ob sie mir helfen könnten. Ich sagte nur: „Lassen Sie mich in Ruhe.“, da fuhren sie weiter. Irgendwann hielt wieder ein Wagen. Ich drehte mich um – es war ein Streifenwagen. Einer der Polizisten kam zu mir auf das Vordach und fing an, mit mir zu reden. Er wollte wissen, warum ich mein Leben, das für mich kein Leben mehr war, wegwerfen wollte. Ich erzählte ihm die ganze Geschichte. Er meinte, das wäre kein Grund zu springen. Es würden auch wieder bessere Zeiten kommen – und er sollte Recht behalten. Unser Gespräch ging etwa eine halbe Stunde, dann ließ ich mich überreden, mit ihm das Vordach zu verlassen. Ich wurde in den Streifenwagen gesetzt und hörte, wie man der Feuerwehr mitteilte, dass sie nicht mehr kommen bräuchte, da keine Gefahr mehr bestünde.

Sieben Wochen Psychiatrie

Ich wurde auf die Wache gebracht. Dort informierte man meine Betreuerin. Sie meinte zu der ganzen Sache: Ab nach Günzburg in die Psychiatrie. So war ich wieder in der geschlossenen Klinik, wieder ein Gefangener. Aber meine Gefangenschaft lag viel tiefer in mir, als ich dachte. Ich war ein Gefangener meines eigenen Herzens. Die Ketten, die mich gefangen hielten, lagen um mein Herz.

Für mich sollte es ein neuer Anfang sein, wie so oft in meinem Leben. Ich lebte mich in der Klinik schnell ein, für mich war es nichts Neues. Ich war unter den Menschen, die genauso wie ich psychische Probleme hatten. Dort fühlte ich mich wohl, hier war ich angenommen. Die Wochen vergingen wie im Flug. In diesen sieben Wochen lernte ich Birgit kennen. Sie war eine überzeugte Christin und ging mit Jesus, den ich noch nicht kannte. Ich fragte mich, warum sie wohl in dieser Klinik war. Ich sollte es noch erfahren. Birgit und ich kamen uns näher, als es eigentlich erlaubt war, denn sie war verheiratet. Wir nutzten jede Möglichkeit, zusammen zu sein und uns auszutauschen. Jeder erzählte dem anderen, was in seinem Leben alles war. Birgit war schon etwas geschockt, als ich ihr erzählte, dass ich schon das dritte Mal verheiratet war und nun schon in der dritten Scheidung lebte.

Aber wir waren beide in unseren Ehen unglücklich. Sie erzählte mir dann einiges aus ihrem Leben: dass sie starke Depressionen hatte und dass sie sich als 18-jähriges Mädchen betrunken auf die Gleise gelegt hatte, um zu sterben. Sie erzählte mir, dass ein ganzer Zug über sie hinwegfuhr, und daher verlor sie beide Unterbeine. Aber Gott ist viel größer, als wir denken. Er ließ sie am Leben. Diese Geschichte traf mich so tief und brachte mich noch enger an sie. Ich war froh, dass ich sie kennenlernen durfte.

Wir hatten in der Klinik auch ein Hallenbad. Birgit und ich beschlossen, zusammen schwimmen zu gehen. Jetzt sollte ich ihre Beine zum ersten Mal sehen. Ich war sehr überrascht, als Birgit aus ihrer Umkleidekabine lief: Sie lief auf ihren Kniescheiben. Sie war für mich, auch wenn sie Depressionen hatte, eine sehr starke Frau. Wir gingen beide ins Wasser, schwammen ein paar Runden und Birgit setzte sich dann an den Rand des Schwimmbeckens. Ich schwamm zu ihr und umfasste ihre Beine. Ich fing einfach an, sie an den Unterbeinen zu streicheln und sie zärtlich zu küssen. Mich störte es in keiner Weise, dass sie keine Unterbeine mehr hatte. Ich war in diese Frau verliebt und wollte jede freie Minute mit ihr zusammen sein. Als Birgit dann Besuch von ihrem Mann bekam, zerriss es mir fast das Herz. Es tat so weh, mit anzusehen, wie er sie in seinen Armen hielt. Aber ich konnte nichts dagegen tun, immerhin war er ihr Ehemann.

Birgit erzählte mir dann irgendwann, dass sie ihn eigentlich nie geliebt hatte und dass er ständig Alkohol trinken würde, mehr als er eigentlich vertragen würde. Das machte ihr ganz schön zu schaffen. Sie war nicht glücklich, obwohl sie mit Jesus ging.

Das Büchlein *Spuren im Sand*

Birgit bekam von ihrer Mutter Besuch und diese brachte ihr das Büchlein *Spuren im Sand* mit. Birgit wiederum gab mir dieses Buch zum Lesen. Ich habe Lesen gehasst, aber dieses Büchlein faszinierte mich, es ließ mich nicht mehr los. Es ging um ein Gedicht, das die Autorin geschrieben hatte. Weiter schrieb sie aus ihrem Leben und von ihrem Ehemann, der auch psychisch erkrankt war und von seinem Vater misshandelt wurde. Ich fing an zu lesen und entdeckte mich in dieser Geschichte wieder. Auch ich wurde Jahre lang körperlich misshandelt, genauso wie der Mann der Autorin. Ich wollte dieses Buch lesen, egal wie lange es dauerte und hörte nicht mehr auf. Ich merkte nicht, dass es die Führung Gottes war. Gott wollte, dass ich dieses Buch lese. Mitten im Buch kam eine Szene, die mein Herz traf; das ging so tief, dass ich dieses kleine Büchlein zur Seite legte und bitterlich anfing zu weinen. Ich schrie förmlich zu Jesus. Ich weiß noch, wie ich sagte: „Jesus, wenn es dich wirklich gibt und du für meine Sünden gestorben bist, dann vergib du mir meine Schuld und nimm du mein Leben in deine Hände."

Ich wusste jedoch nicht, dass jeder Neubekehrte eine Gemeinschaft mit anderen

Christen braucht. So kam, was kommen musste: Ich fiel bald wieder vom Glauben ab und lebte mein Leben wie vorher ohne Jesus. Ich fragte auch nicht mehr nach ihm.
Der Tag der Entlassung von Birgit kam und ich war zutiefst traurig darüber. Ich fühlte mich so allein. Es war nicht mehr so wie vorher. Sie fehlte mir so unendlich. Ich wusste nicht einmal, ob wir ein Paar waren. Aber ich sollte sie bald wiedersehen. Nun kam es, dass ich schwer krank wurde. Ich weiß nicht einmal mehr, was ich eigentlich hatte. Ich bekam eines Nachmittags Fieber. Es war erst harmlos, aber dann stieg es von 38 Grad auf fast 41 an. Wieder fing ich an zu weinen, weil es mir so schlecht ging. Ich rief dauernd nach Birgit, ich wollte sie sehen. Das Personal rief sie an und sagte ihr, dass ich so hohes Fieber hätte. Sie kam sofort zu mir. Man machte mir kalte Wadenwickel, um das Fieber zu senken. Es dauerte eine ganze Weile, aber es schlug an. Birgit saß bei mir neben dem Bett und hielt meine Hand. Ich war so froh, dass sie da war. Sie blieb sehr lange bei mir. Ich hatte in dieser Zeit der Krankheit mehrere Kilos abgenommen.
Die Wochen vergingen und ich wurde wieder entlassen. Ich hatte wieder an Kraft zugenommen, mir ging es bedeutend besser, als da, wo ich Irmi verlassen hatte. An Irmi dachte ich schon lange nicht mehr. Sie war für mich vergessen, als hätte es sie niemals gegeben. So ging ich zurück in mein Zimmer. Den Kontakt zu Birgit hatte ich aufrechterhalten. Das Schönste für mich war, als sie sich entschloss, zu mir zu ziehen. Es war der schönste Augenblick. Sie kam mit ihrem Wagen zu mir auf Besuch und blieb einfach bei mir. Ich fragte sie nicht, warum oder weshalb sie sich trennte. Mir war es egal, Hauptsache sie war bei mir.

Der Mietvertrag

So machten wir, Birgit und ich, uns auf, nach einer Wohnung für sie zu suchen. Dabei mussten wir auch für sie die finanzielle Lage klären. Deshalb gingen wir zu zweit auf das Sozialamt. Dort fragte man Birgit, ob sie in irgendeiner Form Vermögen hätte oder irgendwelche Lebensversicherungen. Dies konnte sie bestätigen. Man erwartete von ihr, wenn sie Hilfe in Anspruch nahm, dass sie ihre Lebensversicherungen an das Amt abtreten würde, was sie natürlich nicht tat, denn sie hätte vom Amt bedeutend weniger erhalten als ihre Lebensversicherung wert war. So gingen wir wieder, ohne eine Hilfe zu beantragen. Birgit regte sich natürlich darüber auf, dass man so etwas von ihr verlangte. Was die Wohnung betraf, gingen wir zu einer Wohnungsbaugesellschaft; und tatsächlich bekam Birgit ihre eigene Wohnung. Sie konnte sie sich auch gleich ansehen. Es musste nicht mehr viel gemacht werden: Möbel aufstellen und fertig. Sie bekam die Wohnung, rief ihren Mann an und bat ihn, dass er ihre Sachen bringen würde. Es war nicht leicht für sie, da sie noch ein kleines Kind hatte. Ich bemerkte ihren Schmerz und dies traf mich wiederum.

Ein paar Tage später waren wir gerade in ihrer neuen Wohnung, als ihr Ehemann vorfuhr und ihre Sachen brachte. Ihre Kinder waren auch dabei. Mich nahm man gar nicht wahr, ich existierte nicht für sie. Für sie war ich der Mann, der ihre Mutter nahm. Irgendwie konnte ich sie verstehen. Ich hätte mich nie auf Birgit einlassen dürfen; aber es gehören immer zwei dazu. Es verging etwa eine Stunde, dann fuhren sie wieder. Birgit sagte nicht mehr viel. Ihre kleine Tochter blieb bei uns. Ich konzentrierte mich auf das Einrichten der Wohnung. Nach diesem Vorfall war ich nicht mehr so überzeugt, ob Birgit und ich eine gemeinsame Zukunft hatten. Innerlich zerriss es ihr das Herz. Ich merkte es ganz deutlich. Birgit und ihre kleine Tochter lebten nun schon fast drei Wochen bei mir. Ich telefonierte mit Ben, meinem Sohn aus der ersten Ehe. Als ich aufgelegt hatte, sagte mir Birgit, dass sie zu ihrem Mann zurückginge. Mich traf das wie ein Schlag ins Gesicht; sonntagabends um 21.30 Uhr. Ich kam mir total verarscht vor. Da hatte ich die letzten drei Wochen Mühe und Kraft in sie investiert und alles gemacht, dass sie sich wohlfühlen konnte und dann dies. In meinen Gedanken raste alles. Immer wieder fragte ich mich, was ich denn bloß falsch gemacht hatte. Lag es an dem Telefonat, das ich mit Ben führte? Ich weiß es nicht. Sie blieb dabei, sie wollte nur noch weg. Ich konnte sie nicht halten, egal mit welchen Argumenten ich auch kam. Sie nahm den Telefonhörer und rief bei sich zu Hause an.

Ihr Mann war am anderen Ende. Sie sagte ihm, dass sie wieder zu ihm käme. Nach dem Telefonat gab sie mir noch 200,– DM für meine neue Brille. Danach verließ sie meine Wohnung. Für mich brach eine Welt zusammen, ich kam mir so ausgenutzt vor. Ich verstand die Welt nicht mehr. Um 22.00 Uhr sonntagabends fuhr sie ab. Sie rief mich dann gegen 24.00 Uhr noch mal an, um mir mitzuteilen, dass sie gut angekommen wäre. Es interessierte mich nicht mehr. Ich war von ihr zu sehr verletzt und enttäuscht. Der Mietvertrag wurde von ihr telefonisch rückgängig gemacht. Birgit sah ich noch einmal, als sie einige Dinge in meine Wohnung brachte. Sie hatte mit mir nicht gerechnet. Für sie war es sehr überraschend, aber ich wusste, dass sie kam. Mein Betreuer vom betreuten Wohnen hatte mir erzählt, dass sie kommen würde. Deshalb blieb ich von der Arbeit daheim. Wir haben nicht mehr viel miteinander gesprochen. Sie sah, dass es mir nicht gut ging. Es tat so weh, sie zu sehen; ich hing an dieser Frau. Sie war etwa 15 Minuten bei mir, dann fuhr sie wieder. Seitdem habe ich sie nie wieder gesehen.

Ich wollte nur noch sterben

Mir ging das so nach, dass mich Birgit so plötzlich verlassen hatte. Dies war für mich Grund genug, nach den Tabletten zu greifen und zu versuchen, mir das Leben zu nehmen. Ich wollte einfach nur noch sterben. Ich wollte mich nie mehr von anderen Menschen so verletzen lassen. Ich war so vom Leben enttäuscht. Warum konnte ich nur nicht glücklich sein? So nahm ich alle Tabletten, die ich zu Hause hatte, und schluckte sie mit viel Wasser herunter. Ich ließ den Rollladen meiner Terrasse runter, legte mich in mein Bett und wartete, bis die Tabletten wirkten, als plötzlich jemand den Rollladen nach oben schob – es war die Polizei.

Irgendjemand hatte sie gerufen. Später erfuhr ich, dass es mein Betreuer des ambulanten Wohnens war. Da ich die Terrassentür auf Kippe hatte, konnten sie in meine Wohnung kommen. Sie riefen den Notarzt und mit ihm kam auch der Rettungswagen. Wieder wurde meine gesetzliche Betreuerin informiert. Diese veranlasste, dass ich wieder nach Günzburg in die Klinik kam. Ich weigerte mich aber mitzugehen. Die Polizei wurde beauftragt, mich zu begleiten. Als der Polizist mit mir hinten im Wagen war, griff ich nach seiner Dienstwaffe. Aber er war schneller und sagte, ich solle endlich vernünftig sein. Ich brach in Tränen aus; ich konnte sie in diesem Moment nicht mehr zurückhalten. Der Schmerz und die Enttäuschungen waren einfach zu groß. Ich sagte unter Tränen: „Lasst mich doch einfach sterben, ich will und kann nicht mehr." Allmählich beruhigte ich mich dann doch wieder. So durchlief ich den Prozess der Aufnahme. Es war für mich nichts Neues. Wieder verbrachte ich mehrere Wochen in der Psychiatrie und wieder war ich alleine. Ich wollte doch nur irgendwo zu Hause sein und geliebt werden.

Als ich entlassen wurde, ging ich wieder regelmäßig in die Behindertenwerkstätte. Ich konnte Birgit nicht vergessen. Deshalb rief ich sie immer wieder an. Aber ich wusste nur zu gut, dass ich sie loslassen musste, sonst würde ich mich selbst kaputt machen. Sie sagte mir dann auch, dass ich sie nicht mehr anrufen sollte. Irgendwann hatte sie dann eine andere Telefonnummer. Es dauerte eine Weile, bis sich diese Wunde schloss; aber die Zeit heilt Wunden, wie man so schön sagt.

In dieser Zeit lernte ich einen älteren Mann kennen, der mir für kurze Zeit Arbeit in seiner Firma geben konnte. Durch ihn lernte ich auch seine Schwester Gaby kennen. Sie hatten einen Faschingsverein, in dem ich später einstieg. Dort sollte ich auch meine vierte Frau kennenlernen.

Ich versuchte mich, auf meine Arbeit zu konzentrieren, aber ich wollte weg von dieser Firma. Deshalb redete ich mit meiner Betreuerin. Daraufhin vermittelte sie mich in die Lebenshilfe.

Beschäftigt unter geistig und körperlich Behinderten

Als ich in der Lebenshilfe anfing zu arbeiten, kam ich erst mal für vier Wochen in die Eingangsgruppe. Diese musste jeder Neuanfänger durchlaufen, um festzustellen, wo die Stärken eines jeden lagen. So arbeitete ich von 8.00 bis 16.00 Uhr. Ich hatte enorme Probleme, mich dort einzuleben. Ich war nur am Weinen. Ich rief meine Betreuerin an und sagte ihr, dass ich es hier nicht aushalten würde. Sie meinte dann nur, es gäbe nichts anderes für mich, ich müsste da durch. So hatte ich keine Wahl und versuchte, das Beste daraus zu machen. Es verging Tag um Tag und ich lebte mich so einigermaßen ein. Nach vier Wochen hatte ich es geschafft. Ich fand mich zurecht und lernte auch Freunde kennen. Eine gute Freundin war Maria. Sie hatte immer ein offenes Ohr für mich. Ich hatte die Zeit in der Eingangsgruppe hinter mir, so durfte ich ein Praktikum bei den Druckschriften machen. Dort lernte ich den Abteilungsleiter kennen. Ich mochte ihn, er war mir von Anfang an sehr sympathisch. So verging mein Praktikum von einer Woche und ich bekam die Anfrage, ob ich mir vorstellen könnte, bei ihm in der Abteilung zu arbeiten. Ich sagte ihm zu und somit hatte ich eine sitzende Arbeit. Die Zeit verging so schnell. Nach langem hatte ich endlich wieder Freude an der Arbeit. Ich sprach mit dem Abteilungsleiter, dass ich mir auch gerne mal die anderen Abteilungen ansehen würde. Er machte mir den Vorschlag, einen Durchlauf jeder Abteilung zu machen. Ich fing in der Gärtnerei an. Dort war es die Aufgabe, die Rasen in der Stadt zu mähen. Auch mussten wir hin und wieder Unkraut jäten. Ich arbeitete fast zwei Wochen in der Gärtnerei. Die nächste Abteilung, die ich besuchte, war das Lager. Dort setzte man mich auf den Gabelstapler, den ich seit meiner Umschulung als Berufskraftfahrer fahren durfte. Diese Arbeit war echt der Hammer, ich hatte endlich Verantwortung. Ich ging bei dieser Tätigkeit richtig auf. Am Ende des Praktikums wurde ich als Springer eingesetzt. Somit war ich von nun an in fünf Bereiche eingeteilt – und wo immer Not am Mann war, wurde ich geholt. Meine Freizeit verbrachte ich entweder in meiner Wohnung oder ich war bei Gaby und ihrer Familie. Sie hatte sechs Kinder. Dort fühlte ich mich wohl. Ich kam ja auch aus einer Großfamilie, für mich war dies nicht unbekannt. Irgendwann an einem freien Nachmittag saß ich bei dieser Familie, als plötzlich Anke hinzu kam. Wir hatten uns noch nie gesehen. Sie begrüßte mich und verschwand in der Küche. Sie sollte später meine vierte Frau werden. Wie ich erfuhr, gehörten sie und ihre Familie auch zu diesem Verein. Sie nähte die Kleider. Beruflich arbeitete sie beim Roten Kreuz als Fahrerin; sie brachte die Behinderten in die Werkstätte, in der auch ich arbeitete, und auch wieder nach Hause.

Die Heimarbeit

Ich brachte mich mit meinen Gaben in diese Familie und in den Faschingsverein ein. Auch Anke half ich immer wieder, wenn sie mich für irgendetwas brauchte.
Ankes Mann und ich fuhren mit unserem Fahrrad in die Stadt und wir fragten in jedem Geschäft nach Sponsoren oder nach Spenden. Wir bekamen viele Artikel für den Verein zusammen. Mir machte das so richtig Spaß. Aber woher sollte ich wissen, dass diese Familie sich irgendwann gegen mich stellte.
Ich renovierte das ganze Haus dieser Familie, ich strich ihnen die Wände und habe einige Zimmer tapeziert, ohne nur eine Mark zu verlangen. Gaby und Anke waren anscheinend sehr befreundet, zumindest sah es so aus. Auch ich verstand mich mit Anke immer besser, wir wurden richtige Freunde. Gaby und Anke nahmen Heimarbeit an. Sie hatten die Aufgabe, Karten zu bekleben. Ich bot beiden meine Hilfe an, immer im Wechsel. Ich hatte nie etwas verlangt, für mich war es eine Freude, ihnen zu helfen. So vergingen die Monate und ich ahnte nicht, dass sich Anke in mich verliebte. Ich habe später dann erfahren, dass sie mit Gaby darüber redete. Ab diesem Zeitpunkt plante Gaby mit ihrer Familie, mich los zu werden. Von alldem wusste ich nichts bzw. bekam nichts mit. Ich machte weiterhin meine Arbeit, die ich die ganze Zeit in diesem Verein tat. So half ich auch bei der Heimarbeit. Eines Tages saß ich bei Anke im Keller, wir beklebten zusammen die Karten. Es war einfach toll, in ihrer Nähe zu sein. Anke fragte mich dann, ob ich Hunger hätte, worauf ich sagte: „Ich habe immer Hunger.“, und lachte dabei. Sie verließ den Keller und ging nach oben. Als sie zurückkam, brachte sie mir eine Tasse Kaffee und ein belegtes Brot mit Schinkenwürfeln. Dies roch so lecker. Da verliebte ich mich auch in sie. Ich fühlte mich einfach nur geborgen und wohl in ihrer Nähe. Ich dachte mir nur: „Könnte es

doch immer so sein.“ Natürlich sagte ich ihr nicht, dass ich mich in sie verliebt hatte. Ich wollte mich nicht in diese Ehe drängen. Ich wusste, dass hier meine Grenzen waren. Normalerweise hätte ich sie nicht wieder treffen dürfen, aber ich mochte sie. Dann kam ihr Geburtstag. Auch mich hatte sie eingeladen. So ging ich zu ihrer Feier, aber nach etwa einer Stunde verließ ich sie wieder. Ich fühlte mich nicht wohl in dieser Runde. Irgendetwas war anders. Es lag eine unangenehme Atmosphäre in der Luft. Für sie war es schmerzhaft, dass ich frühzeitig ging, aber ich wollte nur noch alleine sein. Ich merkte wieder einmal, dass ich nicht dazu gehörte und dass ich wie immer alleine war, eben ohne Familie. Sie war so enttäuscht, dass ich ging, sie warf es mir schon fast vor. Ich überlegte mir, wie ich es wieder gutmachen konnte. So beschloss ich, ihr einen schönen Blumenstrauß zu kaufen, den ich ihr persönlich vorbeibrachte. Sie freute sich wie ein kleines Mädchen darüber und alles war vergessen. Sie bat mich herein und wir tranken in ihrer Küche einen Kaffee. Ich bewunderte diese Frau, sie zog mich magisch in ihren Bann.

Die verborgenen Gefühle

Es ging mit der Heimarbeit weiter. Ich war die meiste Zeit nur noch bei Anke, Gaby und ihrer Familie half ich kaum noch. Sie zeigten mir deutlich, dass sie mich nicht mochten. Ich wusste nur nicht, warum sie plötzlich was gegen mich hatten.
Die Monate vergingen. Es war inzwischen der 14. Oktober 2000, als ich Anke zu mir zum Kaffee einlud. Dummerweise sprach ich diese Einladung vor Gaby aus. Sie versuchte, dies zu verhindern, indem sie mich mit ihrem Sohn zu einem Fußballturnier mitnahm, bei dem er selbst spielte. Ich dachte mir nichts dabei. Wie hätte ich ahnen können, dass Gaby ein falsches Spiel mit mir spielte. Ich konnte mich nicht auf das Spiel konzentrieren, immer wieder dachte ich an Anke. Deshalb beschloss ich, früher zu gehen, ohne dass es jemand mitbekam. Ich ging nach Hause und wartete auf Anke, aber sie kam nicht. Ich war etwas enttäuscht. War sie vielleicht schon dagewesen? Ich hatte keine Ahnung, wozu diese Familie alles im Stande war.

Der Schrei nach Liebe

Wie abgebrüht sie wirklich war, sollte ich noch erfahren. Gegen Abend kam ein Freund dieser Familie bei mir vorbei; was er eigentlich wollte, war mir nicht ganz klar. Ich ließ ihn aber eintreten. Als wir so beisammen saßen und unseren Kaffee tranken, läutete es an der Tür. Herr S. stand vor der Tür und wollte Jan sprechen. Er sagte ihm: „Jan, kannst du mal kommen?“. Ich sagte darauf zu Jan: „Bis später, Jan.“, worauf Herr S. meinte: „Das glaube ich nicht.“ Das versetzte mir so einen Stich, dass ich erkannte, dass da irgendetwas vorging.

Am selben Abend kamen der große Sohn von Anke und Dennis in meine Wohnung. Er versetzte mir einen Stoß und meinte, ich solle mich von seiner Mutter fernhalten. Da ging mir ein Licht auf. Der ganze Ärger, den ich hatte, musste mit Anke zusammenhängen. Ich war in meiner Wohnung nicht mehr sicher. Am 15. Oktober 2000 klaute man mir mein rotes Rennrad. Ich konnte mir schon vorstellen, wer dies war, jedoch konnte ich es nicht beweisen. An diesem Tag ging ich zu meiner Arbeitskollegin und blieb bei ihr. Einen Tag später kamen Christian und Maria zu mir und weinten. Er meinte nur: „Ich solle die Finger von seiner Mutter lassen.“, worauf ich sagte, dass ich nichts von ihr wollte. Christian ging dann irgendwann und wieder läutete es an der Tür. Dieses Mal stand Anke vor der Tür. Sie kam ins Wohnzimmer. Ich wusste nicht, ob ich mich freuen sollte. Jedenfalls sagte ich ihr, dass ihr großer Sohn bei mir war und mir einen Stoß verpasst hatte. Sie sagte mir, dass sie sich wegen mir Sorgen gemacht hatte, das ich mir etwas antun könnte. Ich sagte nur zu ihr: „Anke, ich muss dir was gestehen.“ Sie fragte mich was, worauf ich ihr gestand, mich in sie verliebt zu haben. Sie sagte mir: „Lass uns morgen zusammen spazieren gehen, ich hole dich ab.“ Ich freute mich auf diesen Spaziergang. Endlich war es draußen und sie wusste jetzt, dass ich mich in sie verliebt hatte. Ich wusste nicht, was werden sollte. Immerhin war sie verheiratet und ich wollte von meiner Seite nichts tun, um diese Ehe zu gefährden, aber Gefühle kann man nicht einfach abstellen.

Der Spaziergang

Wir trafen uns pünktlich um 10.00 Uhr. Sie holte mich von meiner Wohnung ab und wir fuhren gemeinsam an die Donau. Dort parkte sie ihren Wagen. Wir liefen nebeneinander her und sprachen viel über die letzten Tage. Dabei erreichten wir eine Bank und setzten uns. Da gestand sie mir: „Armin, ich habe mich schon viel länger in dich verliebt.“ Jetzt wurde ich hellhörig. Ich wollte wissen, seit wann sie in mich verliebt wäre und wem sie es erzählte. Sie sagte mir, dass sie schon seit Juni in mich verliebt wäre und dass sie es Gaby erzählt hätte. Als ich das gehört hatte, konnte ich eins und eins zusammenzählen. Endlich wusste ich, warum diese Familie mich so hasste. Es lag daran, weil Anke ihr erzählt hatte, dass sie sich in mich verliebt hatte. Diese Familie hasste mich nicht nur, nein, sie wollte mich aus dem Weg räumen. Und da war ihr jedes Mittel recht. Das sollte ich später auch noch durch eine Anzeige erfahren.
Als mir Anke gestand, dass sie sich auch in mich verliebt hatte, wusste ich nicht, wie ich reagieren sollte. Aber ich freute mich sehr darüber. Für mich war sie eine tolle und starke Frau. Ich wollte nicht mehr auf sie verzichten, nachdem ich jetzt wusste, dass sie mehr wollte als nur Freundschaft. Sie gestand mir auch, was sie damals dachte, als sie mich das erste Mal sah: „Den würde ich auch nicht von der Bettkante stoßen.“ Das waren ihre Gedanken über mich. Wir saßen noch eine ganze Weile an der schönen Donau, aber sie musste Tamara, die damals vier Jahre alt war, vom Kindergarten abholen. Deshalb fuhr sie mich nach Hause. Ich hatte nichts mehr zu befürchten, denn jetzt konnte ich die Situation einschätzen. Ihren Sohn habe ich dann noch einmal vor meinem Haus gesehen, aber er traute sich nicht mehr, mich anzusprechen. Anke und ich waren jetzt offiziell ein Paar; wir liebten uns und es konnte jeder wissen.
Mein Geburtstag rückte näher und es sollte ein ganz besonderer werden. Anke kam jetzt jeden Tag nach der Arbeit zu mir. Wir waren immer mehrere Stunden zusammen, es war einfach schön mit ihr. Endlich war er da, mein Geburtstag. Anke kam abends

noch bei mir vorbei. Bis zu diesem Zeitpunkt hatten wir nicht miteinander geschlafen. Sie verschwand in meinem Badezimmer und kam dann wieder zu mir in mein Schlaf- und Wohnzimmer. Ich lag auf dem Sofa. Sie schenkte mir als Geburtstagsgeschenk die schönsten Stunden voller Zärtlichkeit und Hingabe. Ich schwebte wie im siebten Himmel. Ich war der glücklichste Mensch auf Erden. Ich hatte endlich jemanden, der mich so liebte, wie ich war. Ich fühlte mich so glücklich und das war ich auch in diesem Moment. Ich dachte nicht mehr an meine psychischen Probleme und an meine Süchte, die ich hatte. Aber ich wollte nicht mehr ohne Anke sein. Somit planten wir unsere gemeinsame Zukunft. Anke sagte mir, dass sie sich scheiden lassen würde. Sie wollte mit mir zusammen sein. Aber vorher sollten wir beide geprüft werden: Es kam eine Anzeige von Familie S. auf mich zu.

Die Fernsehsendung

Anke, die Kinder und ich beschlossen, zu der Fernsehsendung „Geh aufs Ganze“ nach München zu fahren. Als Transportmittel wählten wir die Bahn. Wir stellten fest, dass wir beide schon mal in dieser Sendung waren, ohne voneinander zu wissen. Ich weiß noch, wie ich im Zug zu ihr sagte: „Schatz, ich habe das Gefühl, heute spielen wir mit.“ So erreichten wir den Ort, an dem diese Sendung aufgezeichnet werden sollte. Uns wurde es selbst überlassen, wo wir uns hinsetzen wollten. So setzten wir uns in die dritte Reihe links unten. Tamara durfte leider nicht mit ins Studio, so musste Christian bei ihr bleiben und konnte somit auch nicht rein. Der Kameramann sagte noch zum Publikum: „Macht irgendetwas, lest Zeitung oder irgendetwas, aber schaut, dass Jörg euch bemerkt.“ Dies nahm ich mir sehr zu Herzen. Als nun der Showmaster Jörg Träger ins Studio kam, verfolgte ich die Spiele nicht. Ich schaute nur nach oben und zählte die Scheinwerfer, die an der Decke hingen. Kam ich bis zum Schluss, fing ich wieder von vorne an zu zählen. Das machte ich solange, bis Jörg auf mich aufmerksam wurde. Ich weiß noch, wie er sagte: „Jetzt fragt sich einer, warum er dauernd nach oben schaut.“ Und als er dies sagte, überreichte er mir einen orangefarbenen Briefumschlag und meinte nur zu mir: „Aber nicht reinschauen." Somit waren wir im Spiel.

Ab diesem Zeitpunkt verfolgte ich das Spiel aufmerksam. Anke bekam von dem allem nichts mit. Sie hatte von Anfang an zugeschaut. Nach dem nächsten Werbeblock wurde ich zu Jörg gerufen. Ich weiß noch, wie ich zu ihm die Stufen hinauf ging und sagte: „Herr Träger, es ist mir eine Ehre, mit Ihnen zu spielen.", worauf er nur meinte: „Und wenn Sie den Zank bekommen?", worauf ich wieder sagte: „Das ist egal, Hauptsache ich konnte mit Ihnen spielen." Anke schaute uns zu. Da fragte ich den Showmaster Jörg: „Kann ich meinen Schatz dazu holen?", worauf er sagte: „Natürlich, Schatz, komm her." Wir mussten alle drei lachen.

Jörg gab uns noch einen goldenen Umschlag. Nun forderte er uns heraus, indem er uns die Entscheidung überließ, einen Briefumschlag zu behalten und den anderen abzugeben. Ich schaute Anke an und fragte sie, welchen wir abgeben sollten. Sie meinte, wir sollten den goldenen Umschlag abgeben, worauf ich hörte.

Jörg nahm diesen Umschlag in die Hand und schaute hinein. Dann folgte wieder ein Werbeblock. Nach diesem meinte er nur: „Armin, sag unseren Zuschauern, was du mir eben gesagt hast.", worauf ich sagte: „Ich bin jetzt ein halbes Jahr mit Anke zusammen und nach ihrer Scheidung werden wir heiraten." Anke freute sich so sehr darüber, dass sie mir über die Wange strich und strahlte.

Wir behielten also den orangefarbenen Briefumschlag. Jörg nahm ihn an sich, schaute hinein, grinste uns beide an und sagte: „Ach, was soll's.", worauf er den Inhalt herauszog und sagte: „Eine Reise in die Türkei." Unsere Freude war so groß, damit hatten wir nicht gerechnet. Anke und ich waren uns einig, dass wir, egal, was passiert, den Preis behalten und nicht auf Risiko gingen. So erfüllte sich mein langersehnter Wunsch, einmal in einem großen Flugzeug zu sitzen und zu fliegen.

Die Anzeige

Es war ein paar Wochen vor Weihnachten. Anke und ich trafen uns bei mir in meiner

Wohnung, um einige Dinge zu klären, als meine gesetzliche Betreuerin uns aufsuchte und uns eine Mitteilung überbrachte, die mir fast den Boden unter den Füßen wegzog. Man warf mir sexuellen Missbrauch von Kindern vor. Ich fragte daraufhin meine Betreuerin, wer denn diese Anzeige aufgegeben hätte. Sie meinte, diese Anzeige hätte Familie S. aufgegeben. Man legte mir zur Last, ich hätte zwei der Mädchen von Familie S. sexuell missbraucht, genau gesagt, ich hätte einem der genannten Mädchen mit der Zunge übers Gesicht geleckt und dem anderen Mädchen an die Brust gefasst.

Als Anke und ich das hörten, waren wir beide so geschockt, dass es uns erst mal die Sprache verschlug. Als wir uns von diesem Schrecken erholt hatten, sagten wir gleichzeitig, dass es hier um einen Racheakt ginge. Anke erzählte meiner Betreuerin, dass sie sich im Juni/Juli in mich verliebt und es mit Gaby besprochen hätte. Gaby hatte ab diesem Zeitpunkt alles daran gesetzt, mich aus dem Weg zu schaffen, was ihr natürlich nicht gelang. Wir erzählten ihr dann auch, dass man mir mein Fahrrad vor dem Haus gestohlen hatte, als das mit uns beiden begann. Aber alles, was wir sagten, half nichts. Meine Betreuerin sagte, ich müsse zur Polizei kommen. So beschloss ich, mit meinem Außenwohnbetreuer am nächsten Tag zur Polizeiwache zu fahren. Dort wartete man schon auf mich.

Ich wurde in ein Büro geführt und verhört. Ich machte meine Aussage und gab Anke als Zeugin an. Ich erzählte der Polizei, dass ich im Juni 2000 in diesen Faschingsverein eingetreten bin und mich von Anfang an mit meinen Gaben eingebracht habe. Auch erzählte ich, wie ich das ganze Haus renovierte, ohne etwas zu verlangen. Ich wurde in ein Zimmer geführt und es wurden Fotos von mir gemacht. Somit war ich in ihren Akten. Man gab mir den Rat, einen Anwalt zu suchen, was meine Betreuerin dann auch veranlasste. Mir wurde ein Strafverteidiger zur Seite gestellt und ab da lebte ich in der ständigen Angst, man könnte mich von Anke trennen. Denn wir beide wussten, dass ich unschuldig war. Wie oft war ich mit Tamara, die damals vier Jahre alt war, alleine in meiner Wohnung.

Dann kam der Tag der Gerichtsverhandlung. Es wurden Zeugen geladen. Anke, meine Betreuerin, mein Anwalt und ein paar Freunde waren anwesend. Es war eine öffentliche Verhandlung. Die Zeugen wurden gehört, außer Anke, sie hat man nicht angehört. Alles hat sich gegen mich verschworen. Am Ende der Verhandlung wurde ich schuldig gesprochen, obwohl keine stichhaltigen Beweise vorlagen. Ich wurde zu einem halben Jahr Freiheitsstrafe, die zur Bewährung ausgesetzt wurde, verurteilt. Zusätzlich wurde mir eine Bewährungszeit von drei Jahren auferlegt. Für mich war das der finsterste Tag meines Lebens. Da hatte ich dieser Familie so viel Gutes getan und nur, weil ich mich in eine verheiratete Frau verliebte, rächte man sich so an mir und hängte mir so ein Verbrechen an. Ich verstand nie, warum man Anke nicht angehört hatte. Sie hätte alles aufdecken können. Wir beide konzentrierten uns danach wieder auf uns. Für mich war es sehr schwer. Ich habe mich innerlich von allen Menschen zurückgezogen, auch von Anke. Nach dieser Verhandlung konzentrierten wir uns auf die Wohnungssuche für Anke. Sie wollte mit diesen Menschen nichts mehr zu tun haben; sie stand felsenfest hinter mir.

Eine ganz normale Familie

Also suchten wir eine Wohnung für sie und Tamara. Ich hätte nie gedacht, dass Christian mit einziehen würde. Aber zwei Wochen später hatten wir eine Drei-Zimmer-Wohnung für Anke und die Kinder. Ich wusste nicht, dass die kleine Tamara wollte, dass ich mit einziehen solle. So brachte mir Anke eine kleine Schachtel. In der lagen ein kleiner Brief und ein Schlüssel. Dieser gehörte zu der neuen Wohnung und sollte meiner sein. In dem Brief war zu lesen: Dies ist der Schlüssel zum Glück und ich liebe dich von ganzem Herzen. Deine liebende Anke. Mir kamen die Tränen. Ich hatte jetzt alles, was ich wollte. Das Schönste war für mich aber auch, dass sich Christian persönlich bei mir entschuldigte, dass er mich so angemacht hatte. So waren wir jetzt eine Familie. Ich behielt meine Wohnung noch vier Wochen, dann kündigte ich sie und lebte mit meiner Freundin Anke und den Kindern zusammen.

Der Schrei nach Liebe

Ich ging wie bisher in die Werkstätte für Behinderte, um dort zu arbeiten. Mich wunderte wirklich, dass Anke und auch die Kinder sich mit mir abgaben, denn immerhin war ich doch psychisch krank und hatte mit starken Stimmungsschwankungen zu kämpfen. Ich konnte der glücklichste Mensch sein, und eine Minute später war ich so deprimiert und traurig, dass ich mich in mein inneres Schneckenhaus verkroch. In diesen Momenten ließ ich dann niemanden an mich ran und sprach auch nicht über meine Gefühle. Ich habe, ohne es zu bemerken, Mauern um mich gebaut und für die Außenstehenden war es dann sehr schwierig, an mich heranzukommen. Aber Anke brachte mir so viel Liebe entgegen und versuchte, immer das Beste daraus zu machen. Aber ich machte es ihr nicht leicht. Immer, wenn ich meine depressive Phase hatte, war ich zutiefst beleidigt, ohne eigentlich wirklich zu wissen, was mich gerade störte. Aber wir waren eine ganz normale Familie, zumindest für Außenstehende.

Wie es in jeder Beziehung zugeht, wenn man nicht mit Gott lebt, so hatten auch wir unsere Streitereien und Meinungsverschiedenheiten. Ich konnte mit solchen Situationen nicht umgehen, aber wir versöhnten uns immer wieder. Ich versuchte mich zu ändern, aber alles, was ich unternahm, war zum Scheitern verurteilt – ich steckte fest. Immer wieder hatte ich meine Ausraster. Einmal war es so schlimm: Anke und ich hatten wieder Streit. Ich flippte total aus und schrie sie immer wieder an. Wir konnten unseren Streit nicht klären. Sie musste zur Arbeit und ich war so sauer, dass ich davon lief und beschloss, wieder einmal auf die Eisenbahnbrücke zu gehen und mir das Leben zu nehmen. Ich hatte einfach keine Lust mehr, so weiter zu machen wie bisher. Mir waren Anke und die Kinder in diesem Moment völlig gleichgültig. Ich dachte nur noch an mich. Ich war dieser Verantwortung nicht gewachsen, aber ich wollte für sie da sein. Ich liebte diese Frau, und meine Gefühle zu ihr hatten sich bis dahin noch nicht geändert.

Anke fuhr mit ihrem VW-Bus an mir vorbei und sah, dass ich zu dieser Eisenbahnbrücke ging. Sie verständigte meinen Außenwohnbetreuer. Er kam, lehnte sich über das Geländer und fragte mich: „Was hast du eigentlich vor?“ – Ich sagte nur: „Lass mich in Ruhe und verschwinde.“ Da kam Anke dazu und sagte zu mir: „Spinnst du eigentlich, ich brauche dich, wir brauchen dich.“ Da konnte ich meine Tränen nicht zurückhalten. Ich kletterte zurück, nahm Anke in meine Arme und heulte wie ein kleines Kind. Ich sagte immer wieder, dass es mir Leid tue. Sie vergab mir, wie so viele Male.

Das Wunschkind

Anke und ich waren jetzt schon fast ein Jahr zusammen, als in uns der Wunsch nach einem Kind aufkam. Wir sehnten uns so sehr nach einem gemeinsamen Kind. Ich wollte schon immer eine Tochter – würde es dieses Mal in Erfüllung gehen? Anke hat mir dann erklärt, dass es einen bestimmten Zeitpunkt des Eisprungs gäbe und diesen warteten wir beide ab. Anke sagte mir eines Abends: „Also, wenn das mit dem Kind was werden soll, dann ist heute der richtige Zeitpunkt.“ Ich schlief mit ihr, obwohl ich schon lange keine Lust mehr auf Sex hatte. Ich war nicht mehr wirklich glücklich in dieser Beziehung.

Jedenfalls wurde Anke schwanger und musste sich in Ulm in der Uniklinik einer Fruchtwasseruntersuchung unterziehen, um festzustellen, ob das Kind gesund wäre. Bei der Untersuchung fragte man uns, ob wir wissen wollten, ob es ein Junge oder ein Mädchen werden würde. Natürlich wollten wir es wissen. Und als ich erfuhr, dass es ein Mädchen werden würde, freute ich mich so sehr darüber.

Es war von uns beiden ein Wunschkind. Wir wünschten uns dieses Kind so sehr. Ich habe mir immer selbst was vorgemacht, indem ich dachte, ein Kind könne eine Beziehung retten. Ich wollte von ganzem Herzen für Anke und die Kinder da sein und ihnen ein guter Vater sein. Ich begleitete Anke überall mit hin. Wenn sie zum Frauenarzt musste, war ich bei ihr, wenn sie wieder einmal nach Ulm musste, fuhr ich sie hin – ich ließ sie nicht mehr alleine gehen, nur um aufzupassen, dass ihr und dem Kind nichts zustoßen würde. Dadurch kamen wir uns wieder etwas näher. Ich half ihr

jetzt auch noch am Abend und am Wochenende im Haushalt.
Die Schwangerschaft entwickelte sich sehr normal. Ich ging tagsüber weiter in die Lebenshilfe, um dort zu arbeiten. Am Nachmittag fuhr ich dann immer mit dem Fahrrad nach Hause. Ich freute mich auf meine kleine Familie. Ich fing wieder an, für Anke Gefühle zu entwickeln. Woran das lag, wusste ich nicht.
Dann war es endlich soweit. Es war um 23.30 Uhr. Ich lag schon im Bett, als Anke ins Schlafzimmer kam. Sie musste aufgestanden sein, ohne dass ich es gemerkt hatte. Sie sagte nur: „Es geht los." Daraufhin schwang ich mich aus dem Bett und zog mich schnell an. Ich weckte Tamara und ging zu Anke ins Wohnzimmer. Als wir alle angezogen waren, fuhr ich erst Tamara zu Ankes Mutter – eine herzensgute Frau, Gott segne sie. Dann fuhren wir in die Klinik, die sich ein paar Straßen weiter befand. Für mich war klar, dass ich bei der Entbindung dabei sein werde. Anke wurde in den Kreißsaal geschoben und schon ging die Entbindung los. Anke fing an zu pressen. Sie musste furchtbare Schmerzen gehabt haben. Der Arzt musste sie schneiden, weil das Kind nicht herauskam. Immer wieder sagte er zu ihr: „Weiter pressen.", worauf ich mich auch noch einschaltete und sagte: „Weiter so, Schatz, du hast es gleich geschafft." Anke meinte nur: „Lasst mich in Ruhe, ich kann nicht mehr." Aber nach einer Stunde war es dann soweit: Ein kleines Mädchen wurde geboren und erblickte das Licht der Welt. Mir kamen die Tränen. Dies war für mich der schönste Moment in meinem Leben, die Geburt meiner geliebten Tochter. Sie war so wunderschön. Danke, Anke, für dieses Kind. So erblickte Marlene am 27. März 2002 das Licht der Welt.

Ein neues Familienmitglied

Anke hatte es geschafft. Sie hielt unsere Tochter in den Armen. Jeder Schmerz war vergessen. Wir gaben ihr den Namen Marlene Nina Kaufmann. Sie sah in den Armen von Anke so friedlich aus. Eines wusste ich: Ich liebte dieses Kind.
Es war schon etwa ein Uhr nachts, als ich Ramona anrief. Ich erzählte ihr, dass sie

wieder einmal Tante geworden sei. Sie freute sich so sehr für mich. Diese Nacht war die kürzeste Nacht seit langem. Ich konnte lange nicht einschlafen. Am nächsten Morgen ging ich wie gewohnt zur Arbeit, aber Klaus schickte mich wieder nach Hause. Zuvor gratulierte er mir zur Geburt meiner Tochter. Er meinte, ich solle mich ausschlafen, und das hatte ich bitter nötig. Tamara war bei ihrer Oma. So hatte ich also Ruhe, keiner störte mich. Wo Christian war, wusste ich nicht. Ich schlief fast bis zum Mittag. Nach dem Aufstehen machte ich mir erst mal einen Kaffee, danach wusch ich mich und machte mich zurecht, um Anke und die Kleine zu besuchen.
Als ich im Krankenhaus ankam, waren Hanna, Tamara und Christian schon da. Marlene lag in Ankes Armen. Ich ging auf beide zu und gab ihnen einen Begrüßungskuss. Anke fragte mich, wie meine Nacht gewesen wäre. Ich sagte nur: „Kurz.", und dass mich Klaus in der Früh wieder heimschickte, um auszuschlafen.
Anke und Marlene mussten etwa zehn Tage in der Klinik bleiben. Dann konnte ich sie mit nach Hause nehmen. Nun hatten wir ein neues Familienmitglied. Ramona rief uns an und erkundigte sich nach dem Befinden von Anke und Marlene. Ich gab Anke den Hörer, sie konnte am besten sagen, wie es ihnen ginge.
Anke, die Kinder und ich wurden zu einem Fest meiner Familie nach Backnang eingeladen. Man wollte Anke kennenlernen und vor allem wollten sie das neue Familienmitglied sehen. Deshalb beschlossen wir, einen Ausflug dorthin zu machen. Bis dahin kannten sie Anke noch nicht. Sie hatten sie vorher noch nie gesehen – hätte ich es bloß dabei gelassen.
Es war viel Zeit vergangen, seit ich den Kontakt zu meiner Familie abgebrochen hatte. Ich wusste nicht, was mich erwarten würde und wie sie Anke aufnehmen würden. Besonders von meiner Mutter wusste ich nicht, wie sie Anke annehmen würde. Meine Mutter war eine gebrechliche Frau geworden, sie benötigte Rundumversorgung, die von Ramona geleistet wurde.
Anke wurde besser aufgenommen, als ich eigentlich dachte. Ich war sehr überrascht. Besonders von Ramona und Marit wurde sie herzlich angenommen. Vielleicht lag es

wirklich daran, dass ich endlich eine Frau hatte, die sehr selbstsicher und stark auftrat. Als sie Marlene sahen, freuten sich alle über das neue Familienmitglied. Inge meinte nur zu mir: „Ich möchte und hoffe, dass ich es erleben darf, dass du dein Kind dieses Mal selbst groß ziehst.“

Anke war eine begeisterte Schneiderin, sie konnte sehr geschickt mit der Nähmaschine umgehen. Dies wurde schon bald von meiner Verwandtschaft schamlos ausgenutzt.

Die Taufe

Wir fuhren nach unserem Besuch in Backnang zurück nach Hause. Marlene war zu diesem Zeitpunkt noch nicht getauft worden. Ramona rief uns irgendwann an und fragte, ob wir schon einen Paten für Marlene hätten. Wir sagten: „Nein, wir haben uns noch nicht festgelegt.“ Sie fragte uns, ob wir uns vorstellen könnten, ihre Tochter Nina als Patentante zu nehmen. Dies kam für mich sehr überraschend. Ich schaute Anke an und fragte sie. Ich weiß heute allerdings nicht mehr, was sie damals sagte. Jedenfalls stimmten wir zu. So planten wir die Taufe unserer Tochter. Wir verschickten Einladungskarten an alle Verwandten. Ich nahm Kontakt mit dem Jugendamt Donauwörth auf, um zu erreichen, dass mein Sohn Manuel, der aus der dritten Ehe stammte und bei einer Pflegemutter lebt, bei der Taufe dabei sein konnte. Dies wurde mir gestattet, ich musste ihn nur abholen.

Anke hatte ich von Manuel gleich am Anfang unserer Beziehung erzählt. Sie wusste, dass er ein Frühchen war und dass er bei einer Pflegestelle lebte. Ich hatte ihr die ganze Geschichte erzählt, wie und unter welchen Umständen ich aufwachsen musste. Sie zeigte damals sehr viel Mitgefühl. Wir nahmen Kontakt mit dem evangelischen Pfarrer auf und vereinbarten einen Termin. Wir besprachen mit ihm alles wegen der Taufe unserer Tochter. Der Termin stand fest. Wir freuten uns sehr auf diesen Tag. Endlich war es soweit. Anke, die Kinder und ich waren schon umgezogen, da die erste Wohnung für fünf Personen nicht mehr ausreichte. Wir hatten eine Wohnung

über einer leerstehenden Gaststätte mit einer Kegelbahn bezogen.
Anke hatte das Essen gemacht und sich dabei die größte Mühe gegeben. Ich hatte keinen Grund zu meckern. Endlich hatte ich das, was ich immer suchte: Liebe, Annahme und Geborgenheit. Aber konnte ich damit umgehen? – Nein ich konnte es nicht und das sollte sich später bemerkbar machen.
Zurück zur Taufe von Marlene: Die Tafel war angerichtet, die Gäste konnten kommen. Ich hatte außer meiner Verwandtschaft auch noch zwei Freunde eingeladen, Angela und Thorsten: Ich hatte beide in der Klinik in Günzburg kennengelernt. Wir trafen uns alle in der Kirche. Der Gottesdienst ging etwa eine Stunde. Danach machten wir noch Fotos. Es war für uns eine sehr schöne Taufe. Es wurde gelacht und gefeiert. Am Abend räumten wir alles auf und danach fuhren wir Manuel leider wieder zu seiner Pflegemutter. Wie gerne hätte ich ihn hier behalten, aber ich hatte kein Sorgerecht.

Der ganz normale Alltag

Die Taufe lag hinter uns und von Angela und Thorsten haben wir nie wieder etwas gehört. Anke und ich wussten nicht, warum sie sich nicht mehr gemeldet haben. Lag es an uns? Lag es daran, dass wir uns zu sehr um die Verwandtschaft gekümmert hatten und nicht so sehr um sie? Ich weiß es nicht. Anke ging nicht mehr zum Roten Kreuz, sie war von nun an Hausfrau. Ich dagegen ging weiterhin in die Werkstätte der Lebenshilfe. Wir wurden vom ganz normalen Alltag eingeholt: Wir stritten und versöhnten uns. Tamara ging weiterhin in den Kindergarten und Christian zur Schule. Der Kontakt zu meiner Familie nahm immer mehr zu. So kam der Tag, an dem wir unsere gewonnene Türkeireise antreten sollten. Aus diesem Grund fuhren wir mit den Kindern in der Früh zu meiner Schwester Ramona, um sie dort unterzubringen. Ramona hatte sich bereit erklärt, die Kinder zu nehmen. Meine Cousine fragte uns, ob wir nicht für ganz dorthin ziehen wollten. Anke und ich schauten uns nur an, ich war sofort davon begeistert. Anke wollte wissen, ob sie denn eine Wohnung für uns hätte, worauf sie sagte: „Ja, neben mir ist eine Wohnung frei, diese befindet sich aber im Nachbarort." Wir wollten uns die Wohnung ansehen, wenn wir wieder aus der Türkei zurück waren. So schliefen wir vor unserer Abreise bei Ramona. Ich war aufgeregt, der Flug sollte schon sehr früh sein. Anke, Ramona und ich standen gegen 5.00 Uhr auf, tranken noch zusammen einen Kaffee und dann ging es ab nach Stuttgart, von wo wir fliegen sollten. Pünktlich um 8.00 Uhr hoben wir mit dem Flieger in Richtung Türkei ab. Das war ein tolles Gefühl, hoch oben über den Wolken zu sein und wir beide ganz alleine ohne Kinder im Urlaub. Für uns war das wie eine Hochzeitsreise.

Wir verbrachten acht schöne Urlaubstage. Sie waren leider viel zu schnell vorbei, aber am Ende freuten wir uns auch wieder auf unsere Kinder; besonders meine kleine Marlene fehlte mir. Am Stuttgarter Flughafen angekommen, fing ich mir gleich eine Erkältung ein. Wir wurden von Ramona und den Kindern abgeholt. So fuhren wir zu ihr und verbrachten dort noch ein paar Tage.

Von dort aus besichtigten wir die Wohnung neben Agathes. Anke war sichtlich begeistert, auch mir gefiel diese Wohnung sehr. Wir sagten: „Also, wenn wir diese Wohnung bekommen, ziehen wir um." So kam es, dass wir 2002 von Bayern nach Baden-Württemberg zogen. Wir mussten noch einiges klären: Tamara mussten wir in der Schule anmelden und Christian war inzwischen mit der Schule fertig. Er wollte erst einmal zuhause bleiben. Die Verwandtschaft war bereit, uns zu helfen. Jeder wartete auf uns. Wir hatten einen Transporter gewählt, um unsere Sachen zu transportieren, in dem wir alles auf einmal unterbekamen. Nach etwa drei Stunden erreichten wir endlich unser neues Zuhause. Mein einer Bruder kam auf mich zu und meinte, er müsse mir dumm kommen. Aber ich nahm ihm gleich den Wind aus den Segeln. So luden wir alle gemeinsam das Fahrzeug aus und brachten die Sachen in die neue Wohnung. Damit begann für uns ein neuer Lebensabschnitt. Ich wusste zu diesem Zeitpunkt noch nicht, dass meine Beziehung mit Anke am Zerbrechen war.

Neue Betreuung, neue Werkstätte

Die Kartons standen in der neuen Wohnung verteilt, es war ein absolutes Chaos. Es musste erst mal alles richtig sortiert werden. Nach einer kurzen Zeit hatten wir es geschafft. Meine eine Schwester fing an, alle Fenster in der Wohnung zu putzen. Wir Männer bauten die Kleiderschränke und die Betten auf. Nach mehreren Stunden hatten wir es auch endlich geschafft. Anke machte für alle einen Kaffee und besorgte belegte Brötchen mit warmem Fleischkäse. Jeder hatte sich eine Pause verdient. Ich fing an, die Kartons auszuräumen und dabei die Kleider in die entsprechenden Kleiderschränke zu legen. So räumten wir Zimmer für Zimmer die Kartons aus und alles nahm langsam Gestalt an. Was in den Keller musste, sammelten wir in einem separaten Karton. Am Abend war alles soweit fertig, dass es vernünftig aussah; man konnte sich gut in der Wohnung bewegen. Anke hantierte immer noch mit einzelnen Dingen herum, aber ich war geschafft und wollte nur noch meine Ruhe.

Der nächste Tag begann und ich war ohne Arbeit. Anke kümmerte sich um die Kinder. Tamara war inzwischen in der Schule angemeldet. Wir wollten sie nicht gleich alleine hingehen lassen, sie sollte das Gefühl haben, dass es uns wichtig ist, sie persönlich hinzubringen. Tamara freute sich auf die Schule und Marlene war noch ein Säugling – sie war so ein schönes Baby, ich liebte sie. Wir konnten alles bis auf unsere Küche fertig stellen, die fehlte noch. Da wir beide ohne Arbeit waren, beantragten wir Unterstützung vom Amt, darunter eine Küche und verschiedene Dinge, die wir für die Wohnung brauchten. Zu meiner Verwunderung wurde uns alles genehmigt – und zusätzlich bekamen wir noch finanzielle Unterstützung.

Was meine Betreuung betraf, bekam ich vom Amtsgericht ein Schreiben mit der Mitteilung, dass meine Betreuung an das Notariat vor Ort übergeben wurde. Mir wurden zwei Betreuerinnen vorgeschlagen. Mit diesen vereinbarte ich einen Termin in meiner Wohnung. Eine der Betreuerinnen kam aus Stuttgart, die andere aus einem Nachbarort. Nachdem ich mit beiden gesprochen hatte, entschied ich mich für Letztere. So hatte ich eine neue Betreuerin. Sie meinte, ich bräuchte eine

Beschäftigung, womit sie Recht hatte. Sie erkundigte sich darüber, wo ich überall schon beschäftigt war. Ich erzählte ihr von der Lebenshilfe, der Werkstätte, in der ich als Springer in fünf Bereichen tätig war. Sie erzählte mir, dass es im Wohnort meiner Schwester eine Werkstätte namens „Paulienenpflege" für psychisch Kranke gäbe. Ich solle mir mal Gedanken machen, ob ich nicht dort anfangen wollte. Wir vereinbarten einen Vorstellungstermin mit den zuständigen Leitern. Nach einer Prüfungszeit fing ich dort an zuarbeiten.
Nun hatte ich das Problem, wie ich dort jeden Tag hinkam. Ich besprach das mit meiner Betreuerin. Sie beantragte beim Sozialamt einen Zuschuss für die Monatsfahrkarte, die ich zukünftig brauchte, und nach kurzer Bearbeitung konnte ich mir meine erste Monatskarte für die Fahrt zur Werkstätte kaufen.

Die vierte Ehe

Inzwischen waren Anke und ich schon zwei Jahre zusammen, als es darum ging, unsere Beziehung vor dem Standesbeamten zur Ehe zu machen. Wir wollten heiraten. Mir war es auch deswegen schon wichtig, damit Marlene meinen Familiennamen trägt. Anke und ich besprachen, wie das Ganze ablaufen sollte. Wir wollten still und heimlich heiraten, keiner sollte es wissen, nicht einmal unsere Kinder sollten es erfahren. Erst wenn wir beide verheiratet waren, wollten wir es bekannt geben. So erledigten wir alle Formalitäten und beantragten einen Termin.
Meine psychische Erkrankung hatte sich in der Zeit, mit der ich mit Anke zusammen war, sehr verschlechtert. Immer wieder hatte ich Stimmungsschwankungen, die sich dann in Depressionen auswirkten – und dies bekamen in erster Linie Anke und dann die Kinder zu spüren. So war es auch am Tag unserer Trauung: Wir sollten gegen 10.00 oder 11.00 Uhr getraut werden. Ich hatte also noch Zeit, diesen Termin abzusagen. So nahm ich den Telefonhörer, rief auf dem Standesamt an und sagte den Termin zur Trauung ab, wovon Anke natürlich nichts wusste. Etwa eine halbe Stunde später rief ich nochmals an und machte den abgesagten Termin wieder rückgängig.

Ankes Mutter war an diesem Tag bei uns zu Besuch. Damit niemand etwas bemerkte, sagten wir zu ihr: „Wir gehen mal in den Keller.“ Damit gab sie sich zufrieden, sie schöpfte keinen Verdacht. So gingen Anke und ich, nicht festlich gekleidet und ohne Brautstrauß, zum Standesamt, um uns trauen zu lassen. Heute weiß ich, dass es die traurigste Hochzeit für Anke gewesen sein muss. Ich fühlte mich nicht wohl bei dieser ganzen Sache. Die Trauung dauerte etwa eine halbe Stunde, dann trugen Anke und Marlene meinen Namen. Jetzt waren wir offiziell ein Ehepaar. Als wir wieder zu Hause waren, fragte uns ihre Mutter natürlich, wo wir waren, denn sie hatte uns Tamara nachgeschickt, um zu sehen, wo wir solange bleiben würden. Tamara konnte uns natürlich nicht finden. So sagten wir es allen: „Wir waren auf dem Standesamt und haben geheiratet.“ Keiner wollte uns glauben, aber wir zeigten die Papiere. Daraus konnten sie ersehen, dass Anke und ich tatsächlich verheiratet waren.
Wir erzählten es auch meiner Familie und meine eine große Schwester war dann so wütend, dass sie meinte: „Dann bekommt ihr auch kein Hochzeitsgeschenk.“, worauf Anke nur meinte: „Das wollen wir auch nicht.“ Wir luden meine Mutter, ihren Mann und Ankes Mutter zum Essen ein. Mit Ankes Vater hatten wir damals noch keinen Kontakt.

Der ganz normale Alltag

Wir lebten seit etwa einem Jahr nun in Baden-Württemberg, als wir den Wunsch hatten, in die Nachbarstadt zu ziehen. Wir wollten in der Nähe meiner Geschwister sein. So suchten wir uns eine Wohnung und fanden auch nach kurzer Zeit eine Drei-Zimmer-Wohnung mit zwei Balkonen. Wir waren beide von dieser Wohnung begeistert. Wir einigten uns mit den Vermietern und bekamen den Mietvertrag. Es wurde alles geplant, das Fahrzeug gemietet und ab ging es in die neue Wohnung.
Diese Wohnung hatte einen Dachboden, den man als Schlafzimmer nutzen konnte.
Da Marlene immer noch in ihrem Kinderbett bei uns im Schlafzimmer schlief, waren wir uns nicht einig, wer von uns auf dem Dachboden schlafen sollte: Tamara oder

wir. Nachdem wir darüber gesprochen hatten, entschieden wir uns, dass Tamara ihr Zimmer dort haben sollte.

Ich ging weiterhin in die „Paulienenpflege“, um dort zu arbeiten. Ich saß dort immer noch in der gleichen Abteilung, jedoch fragte man mich, ob ich in der Zentrale den älteren Menschen das Essen zubereiten konnte. Man sagte mir, ich solle mir das mal ansehen. Eine Kollegin zeigte mir den Aufgabenbereich, in dem ich zu arbeiten hätte. Ich stimmte zu, denn so kam ich jeden Tag raus und musste nicht immer dasselbe tun.

Als Familie hatten wir alles, was wir brauchten: Wir hatten tolle Kinder, eine schön eingerichtete Wohnung und ein Auto. Dies wurde hauptsächlich von Anke gefahren, da sie wegen der Kinder flexibel sein musste. Irgendwann lernte ich bei der „Paulienenpflege“ jemanden kennen, der mir einen Motorroller vermittelte. Diesen Kimcoroller konnte ich für 50,– € erwerben. Er sah nicht besonders gut aus, aber es war ein Fahrzeug. Nachdem ich mit Anke gesprochen hatte, kaufte ich ihn. Es musste einiges gerichtet werden, aber er fuhr – und das war mir in erster Linie wichtig.

Nun konnte ich mit dem Roller zur Arbeit fahren. Ich brauchte nicht mehr zu laufen, was ich sonst jeden Tag machte. Auch musste ich nicht mehr mit der S-Bahn zur Arbeit fahren, ich konnte dies nun alles mit dem Roller machen, bis er irgendwann auf der Strecke liegen blieb. Alles, was ich versuchte, um ihn wieder zum Laufen zu bringen, scheiterte. Mir blieb nichts anderes übrig, als meinen Arbeitgeber zu informieren. Dieser fragte mich, wo ich stünde. Nachdem ich es ihm sagte, meinte er: „Ich schicke Ihnen jemanden, der sie abholt und zur Arbeit fährt.“ Nach etwa 45 Minuten war einer der Zivildienstleistenden mit einem Transporter bei mir. Wir luden den Roller ein und er fuhr mich zur Arbeit. Später brachten wir den Roller in eine Werkstatt.

Gefangen in Süchten

Beruflich mühte ich mich ab. Ich kam an den Punkt, an dem ich psychisch nicht mehr konnte. Plötzlich fühlte ich mich in der Werkstätte nicht mehr wohl. Immer häufiger machte ich krank. Psychisch erreichte ich einen Tiefpunkt. Ich kam immer häufiger in Stimmungsschwankungen und Depressionen, was sich auch in der Familie zwischen mir und Anke bemerkbar machte – und an meiner Laune. Wir einigten uns, dass wir das Arbeitsverhältnis aufheben würden und somit war ich von nun an arbeitslos.

Anke und ich stritten und versöhnten uns immer wieder. Ich frage mich heute, woher sie die Kraft nahm, dies alles mit mir durchzustehen. Sie hielt an unserer Ehe fest. Warum hat sie sie nicht einfach beendet? Ich behandelte sie wie den letzten Dreck, ich trampelte auf ihren Gefühlen herum wie ein Stück Vieh. Einmal hatte sich Anke den Kopf an der Ecke der Dachluke, an der die Treppe zum Dachboden befestigt war, so böse angeschlagen, dass sie weinend in der Ecke des Korridors in der Hocke saß und beide Hände auf den Kopf drückte. Ich war gerade in der Küche und trocknete das Geschirr ab. Ich ging in den Flur und sah sie, wie sie in der Ecke des Flurs in der Hocke saß. Ich fragte sie: „Was hast du denn?“, worauf Tamara sagte: „Mama hat sich den Kopf an der Ecke der Dachluke angeschlagen.“ Ich sagte dann wieder: „Na, wenn es nur das ist.“, drehte mich um und ging wieder meiner Arbeit nach. Warum ich nicht zu ihr ging und sie in meine Arme genommen habe, weiß ich nicht.

Anke bekam meine schlechten Launen immer mehr zu spüren, auch die Kinder. Ich ließ mich in den Strudel von Nikotinsucht, Kaufsucht, Internetsucht und Pornografie treiben.

Wenn Anke den Kindern etwas kaufte, wurde ich neidisch. Ich war dann wie ein kleiner trotziger Junge, dem man sein Spielzeug wegnahm. Meine Freizeit verbrachte ich meistens am Computer mit irgendwelchen Spielen auf Yahoo. Für mich waren es harmlose Spiele wie z. B. Canasta oder Mensch ärgere dich nicht. Aber sobald ich mehr als zwei Spiele verlor, beschimpfte ich den Monitor mit den schlimmsten Schimpfwörtern, die man sich nur vorstellen kann. Mir war es dann in diesem Moment völlig egal, ob Anke oder meine Kinder um mich waren.

Anke traute sich schon nichts mehr zu sagen, aber irgendwann warf sie mir vor: „Du bist doch süchtig!?“, worauf ich sagte: „Ich bin nicht süchtig!“, aber sie hatte vollkommen Recht. Jemand, der süchtig ist, wird nie zugeben, dass er ein Problem hat. Ich hatte nicht nur ein Problem, ich war ein Gefangener verschiedener Süchte. Nicht nur, dass ich Probleme mit Zigaretten, Kaufsucht und Internet hatte, nein, ich war auch abhängig von Tabletten und Pornografie. Ich schluckte Kopfschmerztabletten wie Bonbons, und wenn ich mich von Anke unbeobachtet fühlte, las ich irgendwelche pornografischen Romane, die immer in eine Richtung gingen: lesbische Frauen.

Auch mit dem Fernseher hatte ich meine Probleme: Wenn ich nachts aufwachte und nicht mehr einschlafen konnte, ging ich ins Wohnzimmer und schaute mir irgendwelche Sexfilme an und befriedigte mich selbst. Meinen ehelichen Pflichten kam ich kaum nach. Immer wieder, wenn Anke meine Hand streichelte und mit mir schlafen wollte, zog ich meine Hand zurück.

Für Anke war es die schlimmste Demütigung, einen Mann zu haben, der sie auf irgendeine Art betrog. Auch wenn ich mit keiner anderen Frau schlief, dennoch betrog ich sie.

Gefangen in Pornografie

Schon längst bezog ich über das Internet die pornografischen Romane. Ich machte dafür sogar Schulden, nur um an diese Bücher zu kommen. Ich rutschte immer tiefer in diese Sucht, ohne es zu merken. Inzwischen beschränkte ich mich nicht nur auf lesbische Pornografie, sondern erweiterte auf alles, was mit Unzucht zu tun hatte. Die Pornografie bestimmte mein erbärmliches Leben, das kein Leben mehr war. In mir war so eine Leere, und diese versuchte ich mit allem zu stillen, was mir aber nicht gelang. Mein ganzes Verhalten wirkte sich auch auf meine Ehe und das Familienleben aus. Meine Ehe bedeutete mir nicht mehr viel; es war mir egal, was daraus werden sollte. Wir stritten uns immer häufiger, und immer häufiger brachte ich Anke zum Weinen. So wollte ich nicht mehr leben. Anke sagte mir dann irgendwann: „Ich möchte den Armin zurück, den ich vor drei Jahren kennengelernt hatte.“ Ich

konnte darauf nichts sagen. Was sollte ich denn auch sagen?
Ich entschloss mich, eine Therapie zu machen. Dies sprach ich auch mit Anke ab. So ging ich zu einem Nervenarzt und ließ mich in eine psychosomatische Klinik einweisen. Für Anke war es die schwerste Zeit. Dort in der Klinik angekommen, rief ich sie zwei Tage später an. Sie kam mit der Trennung nicht klar. Ich hörte sie die ganze Zeit am Telefon weinen. Sie sagte zu mir unter Tränen: „Bitte, komm nach Hause. Ich schaff das alles nicht ohne dich, ich brauche dich, du fehlst mir so sehr." Auch ich brach in Tränen aus. Ich sagte zu ihr: „Ich rede mit der Klinikleitung und werde ihnen sagen, dass ich nach Hause komme. Holst du mich ab?" Anke stimmte zu und sagte: „Ich fahre gleich los."
So ging ich zu der Frau des Professors und erzählte ihr, dass meine Frau mit der Trennung nicht klar kam. Sie sagte mir: „Herr Kaufmann, um ihre Kindheit aufzuarbeiten, bräuchten wir Jahre. Ihre Verletzungen in ihrer Seele sind so groß. Sobald sie sich daran erinnern, werden sie immer aufplatzen." Damit entließ sie mich wieder nach Hause. Ich hatte also nichts erreicht. Ich musste mit meinen Süchten selbst fertig werden. Anke freute sich so sehr darüber, dass ich wieder bei ihr war. Aber wie ging es mir, wer fragte nach meinem Befinden?
Was sollte ich tun, wer konnte mir jetzt noch helfen? Ich ging wieder zu meinem Nervenarzt und der riet mir: „Suchen Sie sich einen ambulanten Therapeuten." Es dauerte eine Weile, bis ich endlich jemanden fand, der bereit war, mir zu helfen. Ich schöpfte neue Hoffnung. Würde es mir etwas bringen, würde es meiner Ehe etwas bringen? Immer wieder sagte mir Anke: „Ändere dich!", und umso mehr ich es versuchte, desto mehr scheiterte ich.

Der schlechte Rat eines Therapeuten

Endlich war der Termin mit diesem Therapeuten da. Ich ging mit Erwartungen hin. Was würde er sagen, was musste ich alles erzählen? Ich saß im Wartezimmer. Nachdem ich aufgerufen wurde, fragte er mich: „Was führt sie zu mir?". Ich erzählte

ihm aus meiner verpfuschten Kindheit und aus der Ehe mit Anke, welche Schwierigkeiten wir hatten. Ich erzählte ihm auch, dass ich in einer psychosomatischen Klinik war und abbrechen musste, weil meine Frau mit der Trennung nicht klar kam.
Was er mir dann riet, war für mich irgendwie ein Schock, aber ich vertraute ihm, denn immerhin ging ich davon aus, dass er Ahnung hatte. Er sagte zu mir: „Eine Trennung von ihrer Frau wäre sehr angebracht.“ Zuerst sagte ich nichts dazu, aber dann meinte ich zu ihm: „Na gut, wenn Sie meinen, werde ich das tun.“ Dieser Gedanke hat sich so in mir festgesetzt, dass ich nur noch an die Trennung von Anke dachte. Ich war fast schon besessen davon. Jedenfalls war es der schlechteste Rat, den ich von einem Therapeuten bekommen konnte.
Anke und die Kinder warteten bei Ramona. Sie wussten alle von den Schwierigkeiten, die wir in der Ehe hatten. Ich ging zu ihnen. Anke und Ramona saßen in der Küche. Sie fragten mich: „Na, was hat der Seelenklempner gesagt?“. Ich sagte frei heraus: „Er hat mir geraten, mich eine Zeit lang von Anke zu trennen.“ Für Anke muss es ein Schlag ins Gesicht gewesen sein, sie brach in Tränen aus. Ich stand nur da und sagte zu ihr: „Weißt du, warum ich dich geheiratet habe? Ich habe dich nur geheiratet, damit Marlene meinen Namen bekommt.“ Ramona sagte daraufhin zu mir: „Armin, du liebst Anke nicht.“ Wie Recht sie doch hatte. Ich wusste wirklich nicht, was Liebe ist und wie man jemanden liebt. Anke sagte nur unter Tränen zu mir: „Du hast keinen Charakter.“ Ich sagte nicht mehr viel, folgte dem Rat meines Therapeuten und ging in einen Gasthof, um dort zu übernachten. Dieser war so weit runtergekommen, dass ich mit dem Gedanken spielte, wieder zu Anke zu gehen. Aber konnte ich das denn jetzt noch? Ich hatte diesen Gedanken noch nicht zu Ende gedacht, als plötzlich mein Handy klingelte. Ich ging ran und es meldete sich eine Bekannte. Sie sprach mir ins Gewissen und forderte mich auf, wieder zu Anke zu gehen. Ich stimmte zu, ließ mich von ihr und ihrem Freund abholen und fuhr mit ihnen zu Anke.

Anke hatte geschwollene Augen. Sie musste die letzten Stunden nur geweint haben. Christian war schon lange gegen mich, ich konnte es ihm nicht verübeln. Er redete immer wieder auf seine Mutter ein, dass sie einen Schlussstrich ziehen sollte. Aber sie sagte zu ihm: „Ich liebe Armin.“ Sie kam zu Gaby und mir ins Wohnzimmer. Ich stand an der Terrassentür, Anke saß mit Gaby auf dem Sofa. Anke meinte unter Tränen: „Bitte, bleib bei mir, du bist die Liebe meines Lebens.“, worauf ich sie fragte: „Warum liebst du mich nur so sehr? Was habe ich denn an mir, dass du mich so liebst?“. Sie konnte es mir nicht sagen. Sie sagte nur zu mir: „Ich wünsche mir den Armin zurück, den ich damals kennengelernt hatte.“ Und ich konnte mit ihrer Liebe nicht umgehen. Ich war damit überfordert. Trotzdem blieb ich bei ihr. Dann sagte ich zu ihr: „Ich brauche professionelle Hilfe, ich komme mit diesen Problemen, die wir haben, alleine nicht klar.“ Ich äußerte meinen Wunsch nach einer Verhaltenstherapie. Ich sagte Anke, dass ich wieder in die psychosomatische Klinik gehen und endlich diese Therapie machen würde. Sie stimmte zu, auch wenn es ihr das Herz brach. So rief ich dort an und holte mir einen Termin zur Aufnahme.

Die Therapie

Anke war bereit, mich dorthin zu fahren, auch wenn es ihr sehr schwer gefallen sein muss. Dort kannte man mich noch. Ich bekam die gleiche Ärztin, die ich schon beim ersten Aufenthalt hatte. Ihr Name war Frau Böse, was sie aber in keiner Weise war; sie war eine verständnisvolle Person. Die Aufnahme war schnell erledigt. Man gab mir etliche Unterlagen und brachte mich in mein Zimmer. Anke wollte nicht lange bleiben, da es für sie nicht einfach war, ohne mich zu sein. Wir wussten beide nicht, wie lange dieser Aufenthalt dauern würde, aber wir versprachen uns Rettung für unsere Ehe.

Anke fuhr nach etwa einer halben Stunde. Jetzt war ich alleine ohne sie, aber ich hatte wenigstens Mitpatienten. Ich hatte noch nie Schwierigkeiten, mit Menschen ins Gespräch zu kommen. So kam es, dass ich bald die ersten Kontakte knüpfte.

Der Schrei nach Liebe

Ich musste mich einigen Untersuchungen unterziehen. Meine Ärztin wollte dann von mir genau wissen, was mich hier in diese Klinik geführt hatte. Ich erzählte ihr nach bestem Wissen aus meiner Kindheit, aus den Problemen meiner Ehe mit Anke und natürlich, dass ich in verschiedenen Süchten gefangen wäre. Sie wollte genauer wissen, wie dies aussah. Ich erzählte ihr, dass ich mir immer wieder irgendwelche lesbischen und unzüchtigen Pornos anschaue. Auch erwähnte ich von meiner Kaufsucht, dass dadurch sehr hohe Schulden entstanden wären. Nach meinen Ausführungen meinte sie: „Es ist kein Wunder, dass sie so reagieren. Sie sind auf der Suche nach der Liebe, die Sie nie in ihrer Kindheit hatten." Ich fragte sie, wie lange denn dieser Aufenthalt dauern würde. Sie meinte so sieben Wochen. Dies war doch sehr lange, aber ich wollte diesen Weg gehen. Ich nahm laut den Unterlagen, die man mir gab, an verschiedenen Beschäftigungstherapien teil. Mein Tag war fast immer ausgefüllt. Von Langeweile konnte man nicht reden. Mittwochabends hatten wir immer Musiktherapie. Dort hatte man die Gelegenheit, in einem Chor mitzusingen. Da ich Musik und Gesang liebte, meldete ich mich in dieser Gruppe an. Immer wieder rief ich zu Hause an, auch Ramona rief ich ein- bis zweimal an. Sie meinte, dass Anke sehr darunter litt, dass ich in diese Therapie gegangen wäre. Aber für mich war es die letzte Rettung unserer Ehe und Beziehung.

So vergingen die sieben Wochen für mich wie im Flug und es kam der Tag der Entlassung. Anke holte mich persönlich ab, auch die Kinder waren dabei. Ich freute mich auf meine Familie. Man gab mir den Rat, eine ambulante Therapie weiterzumachen. Ich sollte mir einen Therapeuten suchen. Dies teilte ich Anke mit. Sie war nicht besonders begeistert. Ich versprach ihr, dass ich nicht mehr zu diesem gehen würde, der mir geraten hätte, mich von ihr zu trennen. So setzte ich mich mit der Krankenkasse in Verbindung und ließ mir eine Liste sämtlicher Psychotherapeuten schicken. Ich hatte nach mehreren Telefonaten endlich den passenden Therapeuten gefunden. Ich vereinbarte mit ihm einen Termin, jedoch musste ich einige Wochen warten. Aber diese Zeit sollte schnell vorüber sein.

Der neue ambulante Therapeut

Endlich war der Termin da, an dem ich zu diesem Therapeuten gehen sollte. Ich hatte mir die Adresse genauestens aufgeschrieben und fuhr mit dem Auto, musste aber eine Weile suchen, bis ich ihn endlich gefunden hatte. Ich schaute auf die Uhr, ob ich noch in der Zeit war. Ja, ich war pünktlich. Ich war aufgeregt. Was würde mich erwarten, wie wird er wohl sein? Wird er Verständnis haben? Mir gingen viele Fragen durch den Kopf, während ich läutete und wartete. Nichts tat sich. Wieder läutete ich und dieses Mal wurde die Tür geöffnet. Ein etwas kleinerer Mann stand an der Wohnungstür und bat mich zu sich in sein Arbeitszimmer. Er fragte mich: „Wollen Sie einen Kaffee?“, worauf ich sagte: „Sehr gerne.“ Er verschwand aus dem Zimmer. Nach mehreren Minuten kam er mit einer Tasse Kaffee wieder in sein Arbeitszimmer. Ich saß auf einer Liege und machte es mir bequem.

„Was führt Sie zu mir?“, fragte er mich. Auch ihm erzählte ich aus meiner Kindheit und von den Dingen, die mein Leben und meine Ehe belasteten. „Haben Sie etwas, das Sie gerne mit ihrer Frau zusammen machen?“, war seine nächste Frage. Dies konnte ich nur mit Nein beantworten. Er meinte, es sei wichtig, dass ich gemeinsam etwas mit meiner Frau unternehmen sollte. Er zählte mir einige Beispiele auf.

Für mich klang das ziemlich logisch. Wir hatten wirklich nichts mehr, was wir zu zweit unternahmen. Jeder lebte sein eigenes Leben. So machte ich Anke den Vorschlag, gemeinsam einen Tanzkurs zu besuchen, worauf sie nur meinte: „Das kostet zu viel Geld.“ Und somit war das Thema auch schon erledigt. Ich hatte nämlich keine Ausdauer, dies durchzudiskutieren. Alles, was ich ihr vorschlug, machte sie mit ihren Einwänden zunichte. Ich besuchte den Therapeuten noch drei- bis viermal, aber ich kam mit meinen Problemen nicht wirklich weiter. So gab ich mich weiterhin mit der Pornografie ab. Auch die Zigaretten wurden mehr. Ich rauchte jetzt schon 40 Zigaretten am Tag. Was meine Tablettensucht betraf: Ich brauchte Schlaftabletten, damit ich überhaupt einschlafen konnte.

Ich brauchte Tapetenwechsel. Auch wollte ich nicht mehr unter dem Einfluss meiner

Geschwister stehen. Ich entschied mich, mit Anke zu sprechen, dass wir eine meiner Schwestern besuchen. Sie war begeistert. Wir wussten jedoch nicht, dass eine Wohnung in dem Haus, in dem auch meine Schwester wohnte, frei war. So machte meine Schwester uns diese Wohnung sehr schmackhaft. Ich läutete bei dem Vermieter und dieser zeigte uns die Wohnung, um die es ging. Wir sagten einstimmig zu dem Vermieter, dass wir die Wohnung nehmen würden, wenn wir sie bekommen würden. Nach ein paar Wochen bekamen wir die Wohnung. Somit brach ich die ambulante Therapie bei dem Therapeuten ab. Wir planten unseren Umzug, auf den ich mich sehr freute. Endlich entkam ich dem Einfluss meiner Geschwister. Für mich hatten sie sich zu lange in meine Ehe gemischt. Vielleicht war dies wirklich der entscheidende Schritt, um unsere Probleme zu lösen; ich wusste es nicht. Jedenfalls wollte ich Anke und die Kinder nicht so aufgeben.

Die neue Wohnung

Endlich war der Tag des großen Umzugs da. Meine Schwester und ihr Mann kamen, um uns beim Umzug zu helfen. Wir konnten jede Hilfe gebrauchen. Wieder mieteten wir einen Transporter. Ich weiß nicht mehr, wie oft wir laufen mussten, bis alles aufgeladen war.

Ich hatte große Erwartungen. Würde ich meine Ehe retten können? Würde ich mit den Problemen, die ich hatte, fertig werden und sie unter die Füße bekommen? Würde sich meine Gesundheit verbessern? Und würde ich wieder eine Beschäftigung finden? Mir gingen so viele Fragen durch den Kopf, jedoch sprach ich mit Anke nicht darüber.

Sie packte alles in die Kartons, was noch einzupacken war, und ich belud mit den anderen Helfern das Fahrzeug. Es dauerte, bis wir wirklich alles verladen hatten, aber wir waren dankbar, als alles aus der alten Wohnung war. Anke fuhr ihren Fiat, den sie von Ramona gekauft hatte, und ich fuhr den Transporter. Nach etwa einer Stunde erreichten wir die neue Wohnung. Bevor wir ausluden, gingen wir gemeinsam in die neue Wohnung, um zu sehen, was wo hinkam. Nachdem ich mich überzeugt hatte, ging ich mit den Helfern, die mitgefahren waren, zum Transporter, um auszuladen. Anke blieb mit den Kindern oben. Auch Christian und seine Freundin halfen uns beim Ausladen. Nach etwa drei Stunden hatten wir alles in die entsprechenden Räume gestellt. Jetzt hieß es Betten und Schränke aufstellen. Ich war dankbar, dass ich eine Frau hatte, die handwerklich sehr begabt war; ich hatte dafür kein Talent. Anke fühlte sich in der neuen Wohnung sehr wohl. Wieder hatten wir einen Balkon. Als wir soweit alles fertig hatten, machten wir erst mal Pause und tranken gemütlich einen Kaffee. Dazu gab es belegte Brötchen.

Das Wohnzimmer war so groß, dass wir es gut teilen konnten. Auf die rechte Seite sollte unser Schlafzimmer kommen und auf der linken war immer noch genug Platz, um die Wohnzimmermöbel aufzustellen. Tamara und Marlene bekamen ein Zimmer zusammen. Das letzte Zimmer überließen wir Christian. So hatte jeder sein Zimmer. Es dauerte noch zwei Wochen, bis wir vollständig eingerichtet waren, aber wir fühlten uns alle in der neuen Wohnung wohl. Mein Verhältnis zu Anke wurde auch etwas besser.

Die Tafel

Die Zeit verging wie im Flug. Wir wohnten schon mehrere Wochen in der neuen Wohnung, aber immer noch war ich ohne Arbeit. So sprach ich mit Anke darüber, dass es besser wäre, Sozialhilfe zu beantragen. Anke schämte sich deswegen etwas, was ich nicht verstehen konnte. Denn immerhin war der Staat dafür da, um sozial schwachen Menschen zu helfen. Ich hatte eine total falsche Einstellung, was das Thema Arbeit betraf. Warum ich nicht wie jeder Mensch einer geregelten Arbeit nachging, wusste ich damals nicht. Ich sollte aber noch eine Arbeit bekommen, die mir sehr viel Freude bereiten würde und um die ich weinen würde, weil ich sie irgendwann nicht mehr machen durfte. So beantragten wir beim Sozialamt Unterstützung. Wir mussten alles angeben, was wir an Einnahmen hatten; das

Kindergeld wurde nicht angerechnet. Wir hatten keine Ersparnisse. Am Ende genehmigte man uns die Unterstützung. Man gab mir aber den Rat, mich unbedingt beim Arbeitsamt zu melden und mich über irgendwelche Maßnahmen beraten zu lassen. So holte ich mir einen Termin beim zuständigen Sachbearbeiter und prompt bekam ich den Vorschlag, als Fahrer bei der Schwäbischen Tafel in Stuttgart anzufangen. Ich erkundigte mich, wie hoch die Bezahlung denn sei, worauf mein Sachbearbeiter meinte: „Das ist eine Beschäftigung auf 1,50-€-Basis." Ich musste schlucken. Mein erster Gedanke war: „Das ist doch Verarschung, so kann man die Menschen auch ausnutzen." Aber komischer Weise willigte ich ein.

Ich ließ mir die Adresse und Telefonnummer geben. Ich fuhr nach Hause zu Anke und den Kindern. Ich erzählte ihr, wie es gelaufen ist und dass man mir eine Arbeit für 1,50 € geben wollte. Sie regte sich auch darüber auf, aber ich wollte es mir zumindest anschauen. Ich wollte wissen, was da auf mich zukommen sollte. Dass ich diese Arbeit lieben würde, war mir zu diesem Zeitpunkt noch nicht klar.

Ich nahm den Telefonhörer und rief dort an. Es meldete sich eine Frau. Sie musste die Chefin gewesen sein. Ich erzählte ihr, dass ich vom Arbeitsamt geschickt wurde, um mich bei ihr vorzustellen. Sie forderte mich auf, in die Hauptstätter Straße zu kommen. Diese Straße kannte ich von früher schon. So wusste ich, wie ich fahren musste. Ich nahm die Straßenbahn dorthin. Den Laden hatte ich noch nie bemerkt, er war mir einfach nicht aufgefallen, obwohl ich schon des Öfteren in dieser Straße war. Ich betrat das Geschäft und man fragte mich: „Zu wem wollen Sie?" Ich sagte: „Ich möchte gerne zu Sabrina." Man brachte mich daraufhin in ein anderes Zimmer, wo sie ihr Büro hatte. Ich lernte auch ihren Kollegen kennen. Es sah so aus, als wenn dieser Laden von beiden geführt wurde. Sie begrüßte mich und nahm mich mit in das Vorzimmer. Dort erkundigte sie sich darüber, ob ich schon mal als Fahrer tätig gewesen wäre. Ich erzählte ihr von meiner Umschulung als Berufskraftfahrer. Das reichte ihr.

Nach unserem Gespräch teilte sie mir mit: „Sie haben die Stelle. Wann können Sie anfangen?“. Ich sagte ihr: „Sobald wie möglich. Wenn es Ihnen Recht ist, fange ich morgen an.“, womit sie einverstanden war. Ich freute mich auf das, was kommen würde. Endlich hatte ich eine Tätigkeit, die mir Freude bereiten würde. Ich fuhr schon immer gerne Auto und hier hatte ich die Möglichkeit, jeden Tag zu fahren. So hatte ich seit Langem wieder eine vernünftige Aufgabe.

Meine Arbeitszeit

Ich fuhr nach dem Vorstellungsgespräch auf direktem Weg nach Hause. Anke wartete schon ganz gespannt darauf, um zu erfahren, was bei dem Gespräch heraus gekommen war. Ich erzählte ihr alles: „Ich fange morgen an, dort zu arbeiten. Ich wurde als Fahrer eingestellt.“ Anke meinte immer noch: „Ich würde für dieses Geld nicht arbeiten, geschweige aufstehen.“ Mir war es egal, was sie sagte. Ich wollte eine Beschäftigung haben; alles andere war mir egal. Ich hatte die Hoffnung, durch diese Tätigkeit von meinen Problemen wegzukommen, was auch am Anfang gut klappte.
So fuhr ich am nächsten Tag mit meinem Roller zur Arbeit. Pünktlich um 8.00 Uhr morgens wurden die Fahrzeuge bestiegen. Ich wurde einem Kollegen zugewiesen, der mich einlernen sollte. Ich kannte mich in Stuttgart sehr gut aus, da es ja meine Heimatstadt war. Ich hatte also einen klaren Vorteil. Wir fuhren im Stadtbezirk West die einzelnen Lebensmittelläden an und erkundigten uns nach Ware, die man der Tafel zur Verfügung stellte.
Ich traute meinen Augen nicht, was da so alles an Ware verschenkt wurde. Da war die beste Ware dabei, wie z. B. Schwarzwälder-Schinken, Wurst, Käse, Kuchen, Kaffee und noch vieles mehr. Wir hatten beim ersten Geschäft so viel Ware in Kisten bekommen, dass wir es stapeln mussten. Mein Kollege meinte: „Wenn du etwas gebrauchen kannst, dann nimm dir was.“ Ich war froh, dass ich meinen Rucksack dabei hatte. So konnte ich mitnehmen, was ich brauchte. Wir fuhren einen Laden nach dem anderen an und immer war die beste Ware dabei. Als wir alle Läden angefahren und alles eingesammelt hatten, hatte ich außer meinem Rucksack noch

eine weitere Tasche mit Lebensmitteln voll. Auf den Rat meines Kollegen ließ ich beide Taschen im Fahrzeug stehen. Als wir dann in den Tafel-Laden kamen, erwartete man uns schon. Nun ging es darum, das Fahrzeug auszuladen und die Ware in die Küche zum Aussortieren zu bringen. Nach dem schnellen Ausladen wurde aussortiert und das, was nicht mehr zu gebrauchen war, warf man in Biotonnen. Der zweite Teil meiner Arbeit war, mit meinem Kollegen den Müll wegzufahren. Mann, war das ein Gestank – aber es machte Spaß. Wir beluden unser Fahrzeug: Wir hatten etwa 20 längliche Biotonnen im Fahrzeug, mit denen es dann zu einem Bauernhof ging. Dort wurde das Fahrzeug ausgeladen. Unsere Aufgabe war es, die Tonnen auszuleeren und die leeren Kisten wieder einzuladen. Als wir auch damit fertig waren, fuhren wir wieder in die Hauptstätter Straße. Es war inzwischen schon 16.00 Uhr und ich hatte Feierabend. Ich lud meine Taschen auf meinen Roller und fuhr nach Hause.

Als ich in die Wohnung kam, erwarteten mich Anke und die Kinder schon. Sie wollten wissen, wie der erste Tag war. Sie wussten aber nicht, dass ich zwei Taschen mit guten Lebensmitteln mitbrachte. Als ich Anke und den Kindern zeigte, was ich alles mitgebracht hatte, wurden ihre Augen sehr groß. Sie waren sehr erstaunt darüber, was die einzelnen Lebensmittelläden so an Lebensmitteln wegwarfen. So endete mein erster Arbeitstag.

Leben wie ein König

Auch am nächsten Tag ging ich wieder zur Arbeit, jedoch fuhr ich dieses Mal nach Absprache mit Anke mit dem Auto. Ich hatte am Morgen schon einen Wäschekorb in den Kofferraum gestellt. Ich ging davon aus, dass wir auch an diesem Tag wieder Ware bekommen würden und auch dieses Mal für meine Familie und mich etwas dabei wäre, was wir gebrauchen könnten. Für mich war es selbstverständlich, von der Ware zu nehmen, da ich ja nur 1,50 € an Bezahlung bekam. Ich sah dies als Lohn an. Alle meine Kollegen machten es so, warum also nicht auch ich?! Wir fuhren wie jeden Tag unser Gebiet ab und beluden unser Fahrzeug mit den entsprechenden Kisten. Wir hatten so viel Ware.

Es gab so viel Not auf dieser Welt, so viele Menschen mussten hungern – und hier wurden Tonnen an Nahrungsmitteln einfach weggeworfen. Für mich war dies eine Schande. Ich konnte es nicht verstehen. Ich war wirklich froh, dass es die Tafel in Stuttgart gab.

Wieder legte ich Lebensmittel für meine Familie weg. Einmal holte ich in Kirchkeim/Teck 80 Pfund guten Kaffee ab, den man nicht mehr wollte. Ich rief Anke an und bat sie, mit dem Auto zum Fernsehturm zu kommen, damit sie was von der Ware mit nach Hause nahm. In Sachen Versorgung lebten wir wie ein König. Immer wieder wurde ich reichlich mit Lebensmitteln beschenkt, die ich nach Hause nehmen konnte – und ich konnte noch Ramona und ihre Kinder sowie die Familie von Inge versorgen. Aber mein Gesundheitszustand veränderte sich zum Negativen. Meine Stimmungsschwankungen wurden immer heftiger. Jedes Mal, wenn Anke mich fragte: „Was hast du denn?“, verschloss ich mich umso mehr. Ich ließ sie einfach nicht an mich ran. Eigentlich musste ich doch zufrieden sein. Ich hatte eine tolle Frau, die mich über alles liebte, ich hatte wunderbare Kinder, eine schicke Wohnung, auch ein Auto war vorhanden und ich hatte einen Roller. Warum konnte ich nicht glücklich sein? So kam es, dass ich immer mehr nach Feierabend und in der Freizeit am Computer saß und irgendwelche Spiele machte oder dass ich heimlich auf der Toilette einen pornografischen Roman las und mich wieder einmal selbst befriedigte. Ich machte mir keine Gedanken mehr darüber, wie meine Kinder oder Anke über mich dachten. Ich wusste, dass ich ihnen kein gutes Vorbild war. Irgendwie lebte ich in meiner eigenen Welt. Ich ließ niemanden mehr an mich ran und baute Mauern um mich auf, ohne es eigentlich bewusst getan zu haben. So kam, was kommen musste.

Die falsche Entscheidung

Ich ging trotz meiner schlechten Verfassung weiter in die Tafel, um dort zu arbeiten.

Auch brachte ich weiterhin Lebensmittel mit nach Hause. Aber ich sprach nicht mehr viel mit Anke und den Kindern. Ich hatte sie aus meinem Leben ausgeschlossen, sie liefen für mich nur nebenher.

Es kam der Tag, an dem ich schon am Mittag Feierabend hatte. Ich war so müde, weil ich in der letzten Nacht nicht schlafen konnte. Ich wachte immer mitten in der Nacht auf und konnte nicht mehr einschlafen. Dies war für mich der schlimmste Albtraum. So legte ich mich im Wohnzimmer auf das Sofa. Ich kam nicht auf die Idee, mich in eines der Kinderzimmer zu legen. Anke saß mit den Kindern am Computer und tippte was auf der Tastatur. Ich wälzte mich von einer Seite auf die andere, bis mir der Kragen platzte und ich voller Wut losbrüllte: „Bei euch kann man nicht schlafen!“ Worauf Anke nur meinte: „Wenn dir was nicht passt, dann zieh doch aus.“ Ich dachte, ich höre nicht richtig. Ich sagte in meiner Wut nur zu ihr: „Das ist eine fabelhafte Idee.“ Ich stand auf und ging in die Küche, nahm mir eine Zigarette und schlug die Zeitung auf, um mir eine Wohnung zu suchen. Anke folgte mir in die Küche, nahm sich auch eine Zigarette und beobachtete mich. Ich hätte zu gerne gewusst, was sie in diesem Moment dachte. Immer wieder blickte ich von der Zeitung auf und sah sie an. Sie saß da wie ein Häufchen Elend, es musste ihr das Herz brechen. Sie sagte kein Wort. Nachdem ich mich auf eine bestimmte Größe von Wohnungen beschränkt hatte, nahm ich den Telefonhörer und rief beim ersten Zimmer an. Dabei blickte ich immer wieder zu Anke. Sie rauchte ihre Zigarette und weinte, ihr liefen die Tränen. Warum ich sie nicht einfach in den Arm genommen habe, weiß ich nicht. Ich badete in meinem Selbstmitleid und Stolz. Ich hatte alle Angebote, die für mich in Frage kamen, angerufen. Überall bekam ich Absagen. Ich dachte, was soll’s, schaue ich eben nächste Woche wieder in das Wochenblatt. Ich überlegte mir, über das Internet eine Anzeige beim Flohmarkt oder über einen Internetanbieter aufzugeben. Ich entschied mich für Letzteres. Dort inserierte ich für eine Zwei-Zimmer-Wohnung in der Größe von 45 qm.

Auch die Kinder bekamen diese Spannungen zu spüren. Nach etwa zwei Wochen

Wohnungssuche hatte ich Glück, ich bekam eine E-Mail auf meine Anzeige beim Internetanbieter. Dies war die einzige Antwort, die ich bekam. Ich bedauerte jedoch, dass sich diese Wohnung nicht in Stuttgart befand. Ich musste mit dem Transporter der Tafel in den Kreis Ludwigsburg fahren. Ich machte einen Besichtigungstermin aus. Die restliche Zeit, die ich in der ehelichen Wohnung verbrachte, war sehr angespannt. Die Nächte verbrachte ich im Wohnzimmer auf dem Sofa. Ich war zu stolz, neben Anke im Schlafzimmer zu schlafen. Es kam ein- bis zweimal vor, dass Anke mir aus dem Schlafzimmer eine SMS sendete mit der Bitte, doch mit ihr zu schlafen. Ich folgte dieser Bitte und ging zu ihr, aber sonst hatten wir keine Gemeinsamkeiten. Wenn sie mit den Kindern aus dem Hause war, holte ich meine Porno-DVDs hervor, um sie mir anzusehen. Anke fuhr eines Tages mit den Kindern weg, kam aber noch mal zurück, weil sie etwas vergessen hatte. Dabei erwischte sie mich, wie ich mir gerade einen Pornofilm ansah. Sie stellte sich vor mich und schrie mich an: „Weißt du was? Du bist doch eine perverse Drecksau!“ Das traf mich so tief, aber sie hatte Recht, mein Verhalten war nicht normal. Wie tief war ich doch gesunken. Ich hatte alles, was man zum Glücklichsein brauchte, und doch traf ich die falsche Entscheidung, indem ich Anke und die Kinder am 1. August 2005 verließ.

Das Aus für die vierte Ehe

Für Anke brach eine Welt zusammen, als ich aus der ehelichen Wohnung auszog. Alles hatte sie versucht, um mich zu halten. Sie konnte es nicht. Ich belud den Transporter, den ich immer noch hatte, da ich noch immer Fahrer bei der Tafel war. Mein Freund half mir beim Beladen des Fahrzeugs und beim Umzug. Ich hatte nicht viele Möbel. Nach 1,5 Stunden hatten wir alles drin. Ich ging noch mal in die Wohnung, übergab ihr die Wohnungsschlüssel und verabschiedete mich von meiner kleinen Tochter. Ich war froh, dass sie es noch nicht verstand. Ich erreichte mit meinem Freund nach etwa einer Stunde die neue Wohnung und wir brachten alles rein. Renoviert hatte ich sie schon. Mein Freund half mir noch beim Aufstellen der

Möbel. Ich musste an Anke denken. Hatte ich wirklich das Richtige getan? Ich war mir plötzlich nicht mehr sicher, aber es war nun mal so. Ich dachte daran, was sie mir einmal sagte: „Wenn du heute gehst, dann ist die Türe für immer zu." Ich hielt mich an das, was sie gesagt hatte. Aber wie sehr sie darunter wirklich zu leiden hatte, wusste ich nicht.

Mein Freund und ich waren nach mehreren Stunden fertig, die Wohnung war eingerichtet. Die Wände waren neu gestrichen, es war alles vorhanden, was ich brauchte. Ich fuhr mit ihm zurück nach Stuttgart und spielte dabei mit dem Gedanken, bei Marlene vorbeizufahren, verwarf diesen Gedanken aber gleich wieder. So fuhr ich alleine in meine neue Wohnung. Ich rief meine Betreuerin an, denn sie kannte den ganzen Sachverhalt und die Probleme, die ich hatte. Auch wusste sie von der Trennung. Sie half mir bei der Beantragung des Telefonanschlusses und des Internets. Nach kurzer Zeit hatte ich beides. Welche verheerenden Folgen dies haben sollte, darüber war ich mir noch nicht im Klaren. Ich teilte Anke meine neue Festnetznummer mit, und wie es kommen musste, brach sie in Tränen aus. Ich wusste nicht, was ich ihr sagen sollte. Ich versuchte, sie zu beruhigen, was mir nicht gelang. Sie war zu sehr verletzt. Meine Geschwister wussten alle schon, dass ich sie und die Kinder verlassen hatte.

Ich fuhr am nächsten Tag wieder zur Tafel. Ich war jetzt schon seit neun Monaten dort beschäftigt und froh, diese Tätigkeit zu haben. Ich wollte Anke und die Kinder weiter mit Lebensmitteln versorgen. Deshalb rief ich immer, wenn etwas Brauchbares dabei war, Anke an, damit sie in den Laden kommen würde, um es sich abzuholen. Es war Montagabend und ich fuhr wie gewohnt mit dem Fahrzeug nach Hause. Ich wollte wissen, wie es Anke und den Kindern geht. Anke war kaum am Telefon zu beruhigen. Immer wieder weinte sie, weil ich nicht mehr da war. Ich fragte sie: „Soll ich vorbeikommen?". Sie sagte: „Ja, bitte komm. Fahr aber deinen Transporter nicht vors Haus, damit Christian dich nicht sieht." An diesem Montagabend schlief ich bei ihr und mit ihr. Wie gewohnt ging ich am nächsten Tag wieder zur Arbeit, ohne sie zu fragen, ob ich wiederkommen soll. Ich dachte, dass es eine einmalige Sache gewesen wäre – und sie fragte mich auch nicht, ob ich wiederkommen würde. So schwiegen wir beide, ohne dass wir wussten, was der andere wollte. Anke hatte mich dann etwa zwei Monate später so hinterhältig aufs Glatteis geführt und mich getestet, ob ich sie wirklich liebte. Sie gab sich als fremde Frau aus, indem sie sich mit ihrer Freundin für einen Dreier zum Sex anbot. Ich fiel darauf rein und das war das endgültige Aus für unsere Ehe.

Mit 45 Jahren Rentner

Sabrina bat mich in ihr Büro. Was war geschehen, was wollte sie von mir? Man teilte mir mit, dass ich das Fahrzeug nicht mehr mit nach Hause nehmen konnte. Wie sollte ich jetzt nach Hause kommen? Sie sagte zu mir: „Ich gebe dir das Fahrgeld, das du brauchst. Aber du musst sehen, wie du zu einer Fahrkarte kommst." Als ich dann endlich zu Hause war, rief ich meine Betreuerin an und erzählte ihr den Vorfall. Ich sagte ihr auch: „Ich brauche eine Monatskarte, um zur Arbeit zu kommen, denn ich darf das Fahrzeug nicht mehr mit nach Hause nehmen." Sie sagte: „Ich werde beim Sozialamt die Kosten beantragen." Zwei Wochen später hatte ich diese Karte. Ich wusste aber nicht, dass man mich in Rente schickte. Ich fuhr wie jeden Tag mit der S-Bahn zur Arbeit nach Stuttgart und erledigte meine Arbeit. Es war etwa November. Ich hatte meine Arbeit getan und konnte Feierabend machen. Ich fuhr nach Hause und fing an zu kochen. Nebenher schaltete ich den Computer ein, als plötzlich das Telefon klingelte. Ich dachte zuerst, dass es Anke sei. Aber es war meine Sachbearbeiterin vom Ludwigsburger Arbeitsamt. Sie teilte mir mit – und ihre Worte habe ich nie vergessen –: „Herr Kaufmann, sie dürfen bei der Schwäbischen Tafel nicht mehr arbeiten.", worauf ich sie fragte: „Warum darf ich bei der Tafel nicht mehr arbeiten?". Sie meinte daraufhin: „Der Amtsarzt hat sich ihre sämtlichen Gutachten zukommen lassen, diese eingesehen und kam zu dem Entschluss, dass Sie psychisch so belastet sind, dass Sie nicht mehr als drei Stunden am Tag arbeiten können. Das

bedeutet so viel wie, Sie stehen dem Arbeitsmarkt nicht mehr zur Verfügung."
Da fiel mir nichts mehr ein. Für mich brach eine Welt zusammen. Nicht nur, dass ich meine Frau und meine Kinder verloren hatte, nein, jetzt nahm man mir auch noch die Tätigkeit weg, die ich am meisten liebte und an der ich Freude hatte. Ich brach in Tränen aus. Mir kam immer wieder das Gesagte in Gedanken: „Sie stehen dem Arbeitsmarkt nicht mehr zur Verfügung." Was sollte ich denn jetzt machen? Ich nahm das Telefon und rief meine Betreuerin an, vielleicht hatte sie eine Idee. Sie fragte mich gleich, was mit mir los sei, da ich so weinte. Sie meinte erst, dass mit meinen Kindern oder mit Anke etwas wäre. Ich erzählte ihr die ganze Geschichte. Sie gab mir den Rat: „Gehen Sie auf das Einwohnermeldeamt und stellen sie den Antrag für Erwerbsminderungsrente." Ich war doch erst 45 Jahre alt. Man konnte mich doch nicht mit 45 in Rente schicken. Ich sollte bald feststellen, wie sehr ich mich täuschte. So ging ich auf das Einwohnermeldeamt und erkundigte mich. Ich bekam einen Termin, da es doch mehr Zeit in Anspruch nahm, diesen Antrag auszufüllen. So ging ich wieder und überlegte mir, was ich mit meiner freien Zeit jetzt anfangen sollte. Ich entschied mich, mich erst mal nicht verrückt zu machen. Ich ging wie immer ins Internet und meldete mich bei einer Chatseite an. Am Ende war ich bei mehreren Chatseiten angemeldet. Ich fand Gefallen an dem ganzen Chatten. Ich lernte immer mehr Frauen kennen. Ich baute, ohne es zu merken, meine eigene Welt auf. So verbrachte ich die Tage nur am Computer. Endlich war dieser Termin da, an dem ich diesen Antrag stellen sollte. Ich ging wie vereinbart zu der betreffenden Person, einer jungen Frau. Sie war so liebenswürdig, mir beim Ausfüllen des Antrags zu helfen. Jetzt musste ich nur noch abwarten. Ich fragte sie: „Wie lange wird das dauern, bis ich etwas höre?". Sie meinte: „Etwa sechs Wochen wird es schon dauern."
Tatsächlich bekam ich nach sechs Wochen den endgültigen Bescheid: Volle Erwerbsminderungsrente wegen psychischer Erkrankung. Dazwischen musste ich noch einmal zu zwei Ärzten, die mir aber das Gleiche sagten wie der Amtsarzt.
So wurde ich vom Arbeitsamt aus dem Arbeitsmarkt genommen und auf das

Abstellgleis gestellt. Ich setzte mich mit Anke in Verbindung, da ich keine Möglichkeit mehr hatte, so ohne weiteres zu Marlene zu fahren. Anke sagte mir: „Ich habe die Scheidung eingereicht." Ich wehrte mich am Anfang noch gegen die Scheidung, aber dann stimmte ich doch zu. Anke versprach mir: „Du kannst Marlene jederzeit sehen. Ich bringe sie dir alle zwei Wochen." Damit war ich einverstanden. So wurde ich in die Einsamkeit getrieben.

Meine eigene Welt

Der Antrag auf Rente war genehmigt. Ich war jetzt offiziell anerkannter Rentner und bekam 387,– € Erwerbsminderungsrente. Dies war zu wenig zum Leben und zu viel zum Sterben. Es reichte hinten und vorne nicht. Wie sollte ich da durchkommen? Wieder rief ich bei meiner Betreuerin an und gab ihr die genauen Zahlen der Rente durch. Sie sagte mir: „Ich stelle für sie einen Antrag auf Grundsicherung, denn jetzt haben Sie Anspruch auf Grundsicherung." Das Bürokratische erledigte sie alles für mich und anbei beantragte sie für mich – nach Absprache mit mir – ambulantes betreutes Wohnen, damit jemand einmal die Woche nach mir sieht.

Ich hatte genügend Zeit. Was sollte ich denn tun? Ich hatte kein Auto, auch kannte ich niemanden in diesem Ort. Mit meiner Vermieterin hatte ich mich schon längst verkracht, da ich erfahren hatte, dass sie eigentlich gar nicht vermieten durfte. Denn auch sie war nur als Mieterin in diesem Haus und der Hausbesitzer wusste nichts von mir. Noch dazu kam, dass immer wieder die Heizung ausfiel, da sie kein Öl kaufte, weil sie knapp bei Kasse war. Obendrein hatte sie sich die Kaution von mir aushändigen lassen und diese nicht wie gewöhnlich auf ein Konto eingezahlt, sondern für irgendetwas ausgegeben.

So lebte ich einfach in den Tag hinein. Ich saß schon gleich nach dem Aufstehen vor dem Computer. Immer, wenn ich aufstand, war mein erster Griff erst mal zum Computer. Dann ging ich in die Küche, setzte Kaffee auf und richtete mir etwas zum Frühstück. Solange der Kaffee durch die Maschine lief, fing ich an, zu chatten und zu flirten. Jetzt konnte ich mir nach Herzenslust die versautesten Pornos ansehen, ohne dass irgendjemand was zu mir sagte, denn es war niemand da, der es hätte sehen können. An Gott glaubte ich ja nicht. Wie hätte ich wissen sollen, dass Gott immer und überall ist. So saß ich vor dem Computer und chattete mit irgendwelchen Frauen, die ich nicht kannte. Keiner fragte nach mir und ich fragte nach niemandem. Sobald der Kaffee durch die Maschine war, holte ich das Frühstück auf einem Tablett ins Wohnzimmer. Dort stellte ich alles auf den Tisch. Dann ging es vom Schreibtisch zum Wohnzimmertisch immer hin und her. So frühstückte ich jeden Tag und nahm auch die anderen Mahlzeiten ein – ein ständiges Hin-und-her-Gerenne. Sobald ich fertig war, brachte ich das Tablett in die Küche – und dann hieß es für den restlichen Tag: nur noch mein Computer und ich. Ich verbrachte 24 Stunden vor dem Computer, es sei denn, ich musste Einkaufen. Sonst befand ich mich immer in meiner Wohnung. Ich schaute mir die unmöglichsten Seiten im Internet an. Für mich konnte es nicht pervers genug sein. Ich erkannte gar nicht, wie tief ich eigentlich in der Pornografie schon gefangen war. Ich bestellte mir die Frauen, die ich aus den Chaträumen kennengelernt hatte, zu mir nach Hause, um mit ihnen Sex zu haben. Bald jeden Tag war eine andere Frau bei mir. Und wenn ich hatte, was ich wollte, warf ich sie wieder aus der Wohnung raus. Irgendwann lernte ich Anna aus einem Chatraum kennen. Sie lebte in Scheidung. Mit ihr fing ich eine Affäre an. Wir landeten immer im Bett, jedoch kam dies nur zwei Mal vor, da ich mit ihrer Figur nicht klar kam: Sie wog 120 kg. Als mir dies bewusst wurde, sagte ich ihr dies auch. Das war das Aus für diese Affäre. Ich ließ dann keine Gefühle mehr an mich ran, was die Frauen betraf, sondern entwickelte eine gewisse Kälte ihnen gegenüber.

So baute ich mir meine eigene Welt auf und lebte für die nächsten zwei Jahre in völliger Isolation, ohne jegliche Kontakte zur Außenwelt. Der Einzige, mit dem ich hin und wieder Kontakt hatte, war mein Arzt, von dem ich meine Medikamente bekam.

Immer der gleiche Rhythmus

Es änderte sich nicht viel an meiner Tagesstruktur. Ich saß wie an so vielen Tagen vor meinem Computer und chattete mit irgendwelchen Frauen. Inzwischen hatte ich eine bestimmte Chat-Seite gefunden, auf der es auch einen Erotikchat gab. Das Beste war für mich und meine Sucht, dass ich mich nicht anmelden brauchte. Ich war schon so tief in der Sünde verstrickt, dass ich mir keine Gedanken mehr machte, was ich eigentlich tat. Auf dieser Erotikseite gab es auch lesbisch Chaträume.
Ich loggte mich ein und gab mich als junges Mädchen aus. Keiner konnte sehen, wer sich hinter diesem Namen verbarg. So dauerte es nicht lange, bis ich angeschrieben wurde. Jetzt konnte es losgehen. Wir schrieben und machten uns gegenseitig heiß, wodurch sich meine Lust ins Unermessliche steigerte. Ich ließ mich von meinen falschen Gefühlen und Trieben treiben; es war kaum auszuhalten. Dabei wurde es immer obszöner. Ich konnte nicht mehr, ich musste mich selbst befriedigen. Ich öffnete meine Hose und befriedigte mich vor dem Computer. Mir war alles egal, Hauptsache ich konnte mir Erleichterung verschaffen. Das Verlangen in mir war gestillt, ich war zufrieden. Aber ich wusste, dass dieser Zustand nie lange anhalten würde. Die ersten paar Minuten gaben mir ein gutes Gefühl, aber dann kam die große Leere zurück. Ich war verzweifelt. Was sollte ich tun? Als ich dann zur Wand schaute und das Bild von Anke und mir aus unserem gemeinsamen Urlaub sah, fing ich so bitterlich an zu weinen. Was hatte ich aufgegeben? Da wurde mir erst richtig klar, was ich verloren hatte. Ich wollte nicht mehr leben, denn es war kein Leben, das ich lebte. Es war die Hölle auf Erden. Ich wurde verletzt und verletzte wiederum andere Menschen. Ich trampelte auf ihren Gefühlen herum. So tat ich das auch mit Anke und den Kindern. Ich entschied mich, meine Tabletten zu nehmen. Dazu ging ich in die Küche, holte alle Tabletten, die ich hatte, und drückte sie aus der Packung. Es waren 40 Stück, die ich zu mir nahm. Ich ging wieder ins Wohnzimmer, legte mich auf mein Sofa und wartete. Nach etwa zehn Minuten begannen die Tabletten zu wirken und im selben Augenblick stieg Angst in mir hoch. Ich griff zum Telefon und wählte die 110.

Es meldete sich der polizeiliche Notruf. Ich erzählte ihnen, dass ich versucht hätte, mir das Leben zu nehmen. Der Polizist fragte mich: „Herr Kaufmann, sind Sie in der Lage, die Haustüre zu öffnen?“ Ich sagte ihm mit gequälter Stimme: „Das müsste ich hinbekommen.“ So schleppte ich mich voller Müdigkeit an meine Wohnungstür und öffnete sie. Ich ging zurück ins Wohnzimmer und wartete, bis der Rettungswagen eintraf. Nach etwa 15 Minuten waren die Polizei und die Sanitäter in meiner Wohnung. Ich wurde nach Ludwigsburg in die Klinik gefahren und meine Betreuerin verständigt. Man gab mir irgendein Mittel zum Trinken, damit der Magen entleert würde. In dieser Nacht schlief ich nach Langem endlich mal wieder durch.

Am nächsten Tag erschien der Stationsarzt bei mir und fragte, warum ich dies getan hätte. Ich erzählte ihm von meinen Schwierigkeiten. Er ging, ohne etwas zu sagen. Ich wusste, was kommen würde: Man würde mich nicht hier behalten, man würde mich wieder auf die Geschlossene bringen. Das wollte ich nicht. Deshalb entschied ich mich, so wie ich war, abzuhauen und nach Hause zu fahren. Meinen Wohnungsschlüssel hatte ich ja bei mir. Ich zog mich an und ging auf den Flur hinaus. Ich gab vor, eine Zigarette zu rauchen. Als ich im Freien war, lief ich einfach in Richtung Bahnhof los. Mit der nächsten S-Bahn fuhr ich auf direktem Weg nach Hause.

Wieder einmal hatte ich versucht, mich aus dem Leben zu stehlen. Wieder lebte ich im gleichen Rhythmus weiter.

Die Pornografie nimmt überhand

Aus dem Krankenhaus geflohen, hing ich zu Hause wieder nur herum. Wieder gab ich mich nur mit dem Computer und Internet ab; und wieder landete ich in den verschiedenen Chaträumen und auf den verschiedenen Pornoseiten, die es mir ermöglichten, irgendwelche Clips anzusehen. Ich hatte schon längst alle Hemmungen verloren. Mir konnte keiner mehr helfen. Anke wusste von meinen Frauengeschichten. Wie sehr musste sie es bereut haben, sich mit mir eingelassen zu

haben. Ich chattete wie jeden Tag, als ich von einer jungen Frau angeschrieben wurde. Sie zeigte starkes Interesse an mir, worauf ich mich einließ. Jedoch sollte sich später herausstellen, dass sie genauso wie ich in der Pornografie gefangen war. Wir schrieben uns jeden Tag. Es ging immer um das gleiche Thema: Sex. In ihr fand ich die Befriedigung für meine Lust, mehr war das nicht. Irgendwann verabredeten wir uns bei ihr, denn sie war nicht bereit, zu mir zu kommen. Also musste ich zu ihr fahren, wenn ich sie sehen wollte. Hätte ich es bloß gelassen, denn diese Frau führte mich noch tiefer in den Strudel der Pornografie.
So fuhr ich also zu ihr. Ich wartete am Bahnhof, dies sollte der Treffpunkt sein. Sie ließ mich fast eine Stunde warten. Von Pünktlichkeit hatte sie vermutlich noch nie etwas gehört, aber endlich kam sie. Ich hatte sie mir anders vorgestellt. Sie war klein und nicht gerade schlank, eher mollig, aber es passte irgendwie zu ihr. Sie erzählte mir, dass sie selbstständige Psychotherapeutin wäre. Ich glaubte ihr das. Nie wäre ich darauf gekommen, dass sie mich belog. Aber ehrlich gesagt, war es mir auch egal. Ich wollte ja keine Therapie bei ihr machen, ich wollte sie nur für den schnellen Sex. Zu mehr war sie für mich nicht zu gebrauchen, ich hatte kein ernstes Interesse an ihr.

Pure Lust

So begrüßten wir uns gegenseitig. Sie machte mir den Vorschlag: „Lass uns zusammen Essen gehen." Ich war von diesem Vorschlag begeistert, denn ich hatte Hunger. Da ich mich nicht auskannte, überließ ich ihr die Führung. Nach ein paar Minuten erreichten wir ein italienisches Lokal. Wir bestellten uns etwas zu Essen und zu Trinken. Wie lange wir dort saßen, weiß ich nicht mehr. Nach dem Essen brachte sie mich zum Bahnhof und so fuhr ich alleine zurück in meine Wohnung. Ich dachte über dieses Treffen nach. Was auf mich zukommen sollte, wusste ich noch nicht. Dies war das einzige Mal, dass ich meine Wohnung verließ. Ansonsten hielt ich mich ganze zwei Jahre in meiner Wohnung auf. Zuhause angekommen, schaltete ich sofort den Computer ein, um ins Internet zu gehen. Ich wollte sehen, wer von meinen

Bekanntschaften alles online war. Auch sie war online. Sie schrieb mich sofort an und teilte mir mit: „Du bist genau mein Typ, ich steh auf dich." Ich muss gestehen, es schmeichelte mir. Ich gab vor: „Auch du gefällst mir." Ich konnte ja schlecht sagen: „Ich will dich nur für schnellen Sex." Wie abgebrüht kann ein Mensch nur sein. Wir fingen an, uns erotische Nachrichten zu senden. Es begann erst harmlos, aber dann nahm es eine Richtung ein, die nicht von mir ausging. Sie fing an, mich zu verführen. Ihre Nachrichten waren voller Erotik. Man konnte die pure Lust lesen. Diese Frau wollte nur das eine: SEX. Ich machte das Spiel mit und schrieb ihr zurück. Das Geschriebene wurde immer prickelnder. Sie brachte mich mit ihren erotischen Nachrichten an einen Punkt, an dem ich mich nicht mehr zurückhalten konnte. Wieder überkam mich meine Gier nach Selbstbefriedigung. So ging das hin und her, als plötzlich das Telefon klingelte. Sie war an der Leitung. Sie erzählte mir, dass sie so heiß wäre und jetzt Sex mit mir wollte. Ich fragte sie: „Wie soll das gehen, du bist nicht da." Sie meinte: „Lass uns Telefonsex machen." Wieder fragte ich sie: „Wie geht das denn? Ich habe so etwas noch nie getan." Sie erklärte es mir und dann waren wir auch schon mittendrin. Unser Telefonsex wurde immer obszöner und jeder keuchte dem anderen etwas vor. So machten wir uns gegenseitig heiß und ließen uns von der puren Lust treiben. Wir hatten schon längst jede Hemmschwelle übertreten, jede Hemmung verloren. Wir nahmen und gaben, so ging das etwa 15 Minuten, eben bis der erste seine Befriedigung gefunden hatte.

An den Tagen, an denen ich von ihr nichts hörte, schrieb ich mit anderen Frauen. Wieder bestellte ich welche zu mir nach Hause, jedoch war ich sehr darauf bedacht, dass ich alle zwei Wochen zu den Wochenenden keine Frauen bei mir hatte. Denn diese Zeit gehörte meiner Tochter Marlene.

So war Marlene an einem dieser Wochenenden da. Es war Samstagmorgen, etwa 8.00 Uhr. Wir lagen noch im Bett, als das Telefon klingelte. Ich schleppte mich aus dem Bett, auch meine kleine Tochter wurde dadurch geweckt. Sie folgte mir ins Wohnzimmer und schaltete den Fernseher an. Ich nahm den Telefonhörer zur Hand.

Der Schrei nach Liebe

Nie hätte ich gedacht, dass Margit schon so früh anrief. Ich fragte sie: „Sag mal, hast du einen Vogel? Wie kannst du so früh anrufen? Außerdem weißt du, dass Marlene bei mir ist! Dieses Wochenende gehört ihr." Margit kannte Marlene schon. Sie hatten sich des Öfteren gesehen, wenn Marlene bei mir war.

Sie meinte nur: „Armin, ich bin auf dem Weg zu dir, bin gleich da." Und schon klingelte es an meiner Tür. Ich ging, um zu öffnen. Sie stand an der Tür. Sie kam ohne Aufforderung in die Wohnung. Ich ließ sie nicht ins Wohnzimmer. Wir standen im Flur, als sie zu mir sprach: „Armin, ich bin so scharf, ich brauche dich. Bitte schlafe mit mir." Hatte ich richtig gehört? Sie kam nur vorbei, um mit mir Sex zu haben? War ich für sie denn nicht mehr wert? Ich sagte zu ihr: „Sag mal, hast du einen Knall? Da im Wohnzimmer sitzt meine Tochter. Ich werde sie nicht einfach so vor dem Fernseher sitzen lassen und mit dir ins Bett steigen, nur weil du deine Lust nicht im Griff hast." Wieder sagte sie zu mir: „Bitte, Armin, ich habe kein Höschen an und halte es nicht aus. Ich brauch dich jetzt." Als sie dies sagte, griff sie mir in den Schritt und fing an, mein Genital zu massieren. Warum ich sie nicht einfach aus der Wohnung geworfen habe, weiß nicht ich. Jedenfalls kam Marlene zu uns raus. Vermutlich dauerte es ihr zu lange. Auch hatte ich ja das Frühstück noch nicht gemacht. Ich sagte meiner Tochter: „Marlene, geh ins Wohnzimmer, Papa kommt gleich." Da ging sie wieder in die warme Stube. Wieder Margit zugewandt, fing sie wieder an, auf mich einzureden. Es dauerte nicht lange, dass ich ihrem Verlangen nachgab. Wir gingen beide ins Wohnzimmer. Ich sagte zu Marlene: „Marlene, Papa kommt gleich wieder. Bitte schau solange fern und komm nicht ins Schlafzimmer." Margit hatte Marlene noch Versprechungen gemacht, als wir dann gemeinsam im Schlafzimmer verschwanden. Wir waren nicht lange im Schlafzimmer. Ich konnte mich nicht konzentrieren. Ich war in Gedanken immer bei Marlene. Ich kam mir so schuldig vor. Ich wusste jedoch nicht, dass meine Tochter cleverer war, als ich dachte. Sie wusste genau, was jetzt abging. Später erfuhr ich von Anke, dass Marlene ihr diesen Vorfall erzählte. Ich bekam zu Recht Vorwürfe von Anke. Ich entschuldigte mich bei Anke und Marlene für mein schlechtes Verhalten.

Die neue Freundin

Nach diesem Vorfall mit Margit stand für mich fest, dass ich dieses Verhältnis mit ihr beenden wollte und auch musste. Schon alleine im Interesse von Marlene. Margit brach am Telefon in einen Wutanfall aus. Sie beschimpfte mich mit allen übelsten Wörtern, die man sich nur vorstellen kann. Ich war so froh, dass ich diesen Schritt getan hatte. Endlich hatte ich sie los. So lebte ich erst mal für mich. Ich nahm mir an den Wochenenden, in denen Marlene bei mir war, nach bestem Willen Zeit für sie. Ich konnte mich jedoch nicht von meinem Computer losreißen. So saß Marlene vor dem Fernseher und schaute sich irgendwelche Zeichentrickfilme an, während ich mich meiner Sucht widmete. Es kam, wie es kommen musste: Anke erklärte mir dann irgendwann, dass sie mir Marlene nicht mehr bringen würde. Als Grund gab sie die hohen Spritkosten an. Wenn ich Marlene also weiterhin sehen wollte, musste ich sie selbst abholen. Aber wie sollte ich dies ohne Auto tun? Und meine finanzielle Lage war auch nicht die Beste. Ich hatte durch die Kaufsucht, die ich ja immer noch hatte, hohe Schulden und immer wieder bestellte ich bei Versandhäusern irgendwelche Dinge, die ich eigentlich nicht wirklich brauchte, nur um meine Leere in meinem Herzen auszufüllen. So kam es, dass ich Marlene immer weniger zu sehen bekam. Anke hatte schon längst wieder eine Beziehung. Sie teilte mir dann irgendwann mit, dass sie mit den Kindern in den Osten ziehen würde. Das hieß, dass Marlene für mich unerreichbar war. Anke zog also aus Stuttgart fort. Geschieden waren wir schon seit einigen Monaten. Uns verband nur noch unsere gemeinsame Tochter. In mir kam dann irgendwann der Wunsch nach einer festen Freundin auf. So entschied ich mich, über das Internet bei Flohmarkt eine Kontaktanzeige aufzugeben. Ich inserierte in etwa so: „Junger Mann sucht nach großer Enttäuschung Sie für ...“ Ich bekam kurze Zeit später tatsächlich Antwort von einer Frau namens Alisa. Sie erzählte mir, dass sie auch auf der Suche nach einer Beziehung wäre. Wir lernten uns erst mal über das

Internet kennen, indem wir jeden Tag miteinander schrieben. Wir tauschten uns gegenseitig Bilder aus. Ihres war schon ein älteres Bild, was sie mir zu verstehen gab. Sie machte mir dann irgendwann den Vorschlag, sie zu besuchen. Ich fragte sie: „Woher kommst du denn?“, worauf sie sagte: „Ich komme aus Schwäbisch Hall, kennst du das?“ Natürlich kannte ich Schwäbisch Hall, ich fuhr immer wieder durch diese Stadt, wenn ich mit Manuela, meiner zweiten Frau, auf den Campingplatz wollte. Sie teilte mir mit, wann es für sie am besten wäre. Denn inzwischen wusste ich, dass sie vier Kinder hatte. Und diese sollten es noch nicht gleich erfahren, dass es mich gab. Ich konnte es noch nicht verstehen, warum sie da so ein Geheimnis daraus machte. Später sollte ich erfahren, dass Alisa ihre Männer wechselte wie die Unterwäsche. So fuhr ich also eines Tages nach Schwäbisch Hall. Ich war schon auf sie gespannt. Ich kannte sie nur von diesem einen Bild. Die Zugfahrt dauerte ziemlich lange, aber endlich hatte ich mein Ziel erreicht. Es war kalt. Wir hatten Schnee und ich fror. So wartete ich auf Alisa. Nach etwa 20 Minuten kam sie mit ihrer Freundin mit dem Auto angefahren. Alisa stieg aus und begrüßte mich herzlich, wobei sie mich küsste. Sie sah toll aus. Sie war nicht die schlankste, eher dick, aber sie sah sehr süß aus. Ich verliebte mich gleich in sie.

Eine außergewöhnliche Beziehung

Was würde mich erwarten, wenn ich mit ihr alleine bin, ohne ihre Freundin? Alisa wollte auf direktem Wege zu sich nach Hause. Dort angekommen, verließ uns ihre Freundin. Ich war gespannt, was kommen würde. Sie fragte mich: „Möchtest du einen Kaffee?“ – „Ja, gerne.“, sagte ich zu ihr. Wir fingen an, uns zu unterhalten. Als der Kaffee dann fertig war, setzten wir uns ins Wohnzimmer. Es war nicht der beste Kaffee, ich hatte schon besseren getrunken. Ich wartete ab, wie es weitergehen würde. Sie kam, beugte sich zu mir und fing an, mich zu küssen. Ich erwiderte ihre Küsse. Nachdem wir uns so eine zeitlang geküsst hatten, fragte sie mich plötzlich: „Gehen wir ins Schlafzimmer?“ Ich wusste genau, was jetzt kommen würde. Ich

willigte ein. So geschah es, dass wir bei unserem ersten Treffen miteinander schliefen. Von Liebe kann keine Rede sein. Wir ließen uns nur durch unsere eigene Begierde leiten.
Nachdem wir unsere Gier gestillt hatten, teilte sie mir mit, dass ich doch spazieren gehen sollte. Denn ihre Kinder durften zu diesem Zeitpunkt noch nichts von mir wissen. Warum auch immer? Wieso ich nicht einfach nach Hause gefahren bin, weiß ich nicht. So ging ich also bei diesen kalten Temperaturen spazieren. Sie nannte mir eine Uhrzeit, an der wir uns am Sportplatz treffen wollten. Sie kam auch dann zur abgemachten Zeit. Spät am Nachmittag fuhr ich dann endlich zu mir nach Hause zurück. Dies war das erste Treffen mit ihr. Irgendwo war ich enttäuscht und doch froh, wieder eine Freundin zu haben. Sie wollte mich wiedersehen. Wir schrieben uns weiter jeden Tag E-Mails oder im Chat. Sie entwickelte gleich am Anfang eine gewisse Eifersucht, wenn ich mit anderen Frauen schrieb. Dies brachte mich hin und wieder zur Weißglut. Nur zu gut, dass sie nicht wusste, dass ich in der Pornografie gefangen war und mir irgendwelche obszönen Videoclips ansah. Auch wusste sie nicht, dass ich mir trotzdem immer wieder Frauen nach Hause bestellte, um meine Befriedigung zu stillen.
Wieder folgte eine Einladung von ihr. Dieses Mal sollte ich ihre Kinder kennenlernen. Sie hatte den Mut gefunden, ihren Kindern von mir zu erzählen. Ich war schon sehr gespannt auf sie. Ich fuhr ziemlich in der Früh los, um auch noch ein wenig Zeit mit Alisa alleine zu verbringen. Wieder landeten wir im Schlafzimmer. So nach und nach lernte ich sie besser kennen. Ich erfuhr von ihren geheimsten Wünschen. Sie erzählte mir, dass sie genauso wie ich ein falsches Bild von Sexualität hatte. Gegen Mittag gingen wir dann gemeinsam in den Kindergarten, um ihre kleine Tochter abzuholen. Sie nahm mich gleich an der Hand, als sie mich erblickte. Es war, als wenn wir uns schon lange kennen würden. Alisa und ich waren darüber sehr erstaunt. Wir gingen wieder zu dritt zu Alisa in die Wohnung. Gegen 13.00 Uhr kamen dann ihre drei anderen Kinder. Auch von ihnen wurde ich herzlich

aufgenommen. Am späten Nachmittag kam dann noch ihre Mutter vorbei, wobei ich aufgefordert wurde, mich zu verstecken. Ihre Mutter sollte nicht wissen, dass es mich gab. Die Kinder erzählten ihrer Oma dann doch von mir. So gab ich mich zu erkennen, indem ich mich ihr zeigte und nach Hause fuhr. Später schrieb mich Alisa an und bat mich um Verzeihung, dass ihre Mutter so abweisend zu mir war. Sie fragte mich dann auch, ob ich nicht in ihre Nähe ziehen wollte. Daraufhin setzte ich mich mit meiner Betreuerin in Verbindung und plante meinen Umzug. Auch dort wollte ich wieder in das betreute Wohnen. Ich wollte auf keinen Fall mehr alleine leben. Deshalb entschied ich mich für eine Wohngemeinschaft. Aber Alisa und ich hatten schon eine außergewöhnliche Beziehung. Meine Betreuerin regelte die ganzen Formalitäten. Nach kurzer Zeit schaute ich mir ein Zimmer in Schwäbisch Hall an. Ich verliebte mich sofort in diese Stadt. Für mich war klar, dass ich hierher ziehen würde.

Der Umzug

So zog ich am 14.07.2007 nach Schwäbisch Hall. Irgendwie freute ich mich auf diese Wohngemeinschaft. Zu diesem Zeitpunkt wusste ich nicht, dass Gott sein Auge auf mich geworfen hatte. Ich musste den Großteil meiner Möbel zurücklassen, da ich jetzt nur noch ein Zimmer hatte. Im ersten Moment dachte ich nur: Hoffentlich bereue ich das nicht. Aber was hatte ich schon zu verlieren, ich war so tief gesunken. Noch tiefer konnte man nicht sinken, dachte ich mir. Ich sollte mich schwer irren. Mein neuer Außenwohnbetreuer machte erst einen Aufstand, weil ich doch mehr mitbrachte, als er sich eigentlich vorgestellt hatte. Ich erklärte ihm, dass ich aus einer Zwei-Zimmer-Wohnung komme und nicht auf mein Geschirr verzichten würde. Wenn dies von mir verlangt werden würde, würde ich sofort wieder gehen. Doch ich wusste zu genau, dass ich das nicht mehr konnte, denn meine alte Wohnung war gekündigt. Man gab mir die Gelegenheit, meine Sachen, die ich nicht brauchte, in Kartons auf den Dachboden zu stellen. Ich hatte das beste Zimmer der

Wohngemeinschaft. Es lag auf der Südseite. Wenn ich die Fenster öffnete, sah ich auf die Gelbinger Gasse. So allmählich nahm mein neues Zuhause Gestalt an. Ich stellte meinen Schreibtisch auf, meinen Computer und dann noch die Möbel. Was an die Wände musste, wurde an den Wänden befestigt. Endlich hatte ich es geschafft. Ich war doch mehr Stunden mit dem Einrichten meines Zimmers beschäftigt, als ich dachte. Am nächsten Tag musste ich mich offiziell in der Stadt anmelden. So erkundigte ich mich, wo sich das Einwohnermeldeamt befände. Ich ging hin und nach ein paar Minuten war ich anerkannter Bürger von Schwäbisch Hall.

Alisa wusste, dass ich nun in Schwäbisch Hall wohnte. Ob sie sich wirklich darüber freute, wusste ich nicht wirklich. Ich habe sie auch nie gefragt. Ich wollte so viel Zeit mit ihr verbringen, wie ich nur konnte. Jedoch machte sie immer noch ein Geheimnis aus unserer Beziehung. Ihre Eltern sollten nichts von mir wissen. Was da wirklich los war, wusste ich eigentlich nicht. Ich versuchte, so oft wie möglich bei ihr zu sein. In mir stellte sich die Frage, wie mich ihre Kinder sehen. Ich wollte ihnen ein guter Freund sein. Aber ich bemerkte schon bald, dass sie keinen Mann im Hause haben wollten. Ich wurde von ihnen abgelehnt, wie ich von Alisas Eltern abgelehnt wurde. Mir war dies nicht unbemerkt geblieben. Nach einem Jahr war die Beziehung vorbei. Wie es weiter gehen sollte, wusste ich noch nicht. Beruflich hatte ich nichts am Hut. Man hatte mich ja aus dem Arbeitsmarkt gezogen. So hatte ich viel Zeit. Was sollte ich mit dieser Zeit anfangen? Ich entschied mich, mich an meinen Schreibtisch zu setzen und ins Internet zu gehen. Längst hatte ich meine Lieblingsseiten im Internet. In einem Chat hatte ich so viele Bekanntschaften mit Frauen und dadurch meine eigene Welt aufgebaut. In meiner Welt konnte mich keiner verletzen, niemand. Die Welt, in der ich mit Anke lebte, gab es für mich schon lange nicht mehr. Ich lebte von einem Tag in den anderen.

Ohne jegliche Scham

Meine gesundheitlichen Probleme hatten schon lange ihren Höhepunkt erreicht. Ich hatte solche Stimmungsschwankungen, dass ich schon fast selbst Angst vor mir bekam. Ich litt unter solchen Depressionen, dass mein Außenwohnbetreuer mir den Vorschlag machte, in die Tagesstätte zu gehen und dort mitzuarbeiten. Ich erkundigte mich nach der Bezahlung. Als man mir sagte, dass dies 2,50 € die Stunde wären, sagte ich nur zu ihm: „Vergiss es.“ Ich besorgte mir von meinem alten Hausarzt ein ärztliches Attest, das besagte, dass eine solche Tätigkeit nichts für mich sei. Somit hatte sich das Thema erledigt. So hatte ich genügend Zeit, meiner Lieblingsbeschäftigung nachzugehen. Meine Sucht zum Internet und zur Pornografie festigte sich immer mehr in meinem Leben. Ich würde sagen, sie bestimmte mein Leben. Wieder einmal war ich in meinem Lieblingschat, als ich von einem 19-jährigen Mädchen angeschrieben wurde. Sie musste auf mein Profil gestoßen sein, denn sie schrieb mir: „Du bist genau mein Typ.“, worauf ich zurückschrieb: „Wer bist du und was willst du von mir.“ Wieder kam eine Antwort von ihr: „Ich will mit dir Cybersex.“ Ich wusste ja, um was es ging. Viel zu oft hatte ich es selbst praktiziert. Ich ließ mich auf dieses Spiel ein und verlor unmerklich jegliches Schamgefühl. Wir fingen an, uns gegenseitig die ausgefallensten und erotischsten Kurzmitteilungen zu schreiben. Wir waren beide so geladen, es wurde immer obszöner. Sie fragte mich in einer Kurzmitteilung: „Hast du eine Webcam?“, worauf ich sagte: „Ja.“ Sie sagte wiederum: „Schalte sie ein.“ Dies machte ich dann auch. Nachdem sie mich sehen konnte, verlangte sie von mir, mich ihr zu zeigen. Ich entblößte mich vor der Webcam. Ich hatte schon längst jedes Schamgefühl verloren. Ich fragte nicht mehr, was Recht oder Unrecht wäre. Ich ließ mich in ihren Bann ziehen und mich von meiner Begierde treiben. Dieses Mädchen forderte mich immer mehr heraus und ich ließ mich darauf ein. So verging kein Tag, an dem ich mich nicht selbst befriedigte. Ich hatte schon lange die Kontrolle über mich verloren, ich war ihr hörig geworden. Wenn sie nicht online war, suchte ich, meine Lust auf anderem Weg zu stillen. Aber eine wirkliche Befriedigung hatte ich nie gefunden. Ich verbrachte meine freie Zeit nur noch in meinem Zimmer. Nichts hatte sich geändert. Mit Alisa schrieb ich inzwischen die perversesten E-Mails. Immer ging es um Pornografie. Sie hatte die obszönsten Fantasien, die mich wieder dahin brachten, mich selbst zu befriedigen. Alles, was ich auch unternahm, um meine Leere in meinem Inneren auszufüllen, hielt nie lange an. Natürlich war für einen kurzen Moment eine gewisse Befriedigung vorhanden, aber dann kam die große Leere. Ich war dann hinterher noch viel leerer als zuvor. Es machte mich kaputt. Nicht nur, dass ich mich mit so einem Dreck abgab, nein, ich rauchte eine Zigarette nach der anderen. Würde sich dies jemals ändern? Konnte ich es denn ändern? Ich hatte nicht die Kraft, dies zu ändern. Und jemandem anvertrauen wollte ich mich auch nicht. Aber so weiterleben, wollte ich ebenfalls nicht. Wer konnte mich denn aus dieser Hölle befreien?

Das Buch

Wie sehr ich innerlich nach Rettung schrie, wusste ich selbst nicht. Mein Tag sah wie jeder andere aus: Ich stand auf, schaltete den Computer ein, machte mein Frühstück, setzte Kaffee auf, ging an meinen Schreibtisch und fing an, mit den Frauen zu chatten. Oder ich sah mir in aller Früh einen pornografischen Videoclip an. Irgendwann kam der Tag, an dem es mich vor mir selbst ekelte. Ich stellte mir selbst die Frage: „Armin, was tust du? Wie lebst du eigentlich?“. In mir stieg so ein Selbstekel auf, dass ich den Computer ausschaltete, meine Bibel, die ich vor Jahren geschenkt bekam, zur Hand nahm und anfing, die Tageslosungen zu lesen. Ich fing einfach an zu lesen. Ich erwartete nicht, dass mir Gott hier in der Bibel begegnen würde. Warum ich überhaupt die Bibel nahm, wusste ich nicht. Aber Jesus war mir nicht unbekannt. Ich hatte schon früher von ihm gehört, aber nie richtig an ihn geglaubt. Ich konnte gar nicht mehr aufhören zu lesen. Ich las und las in dem Wort Gottes.

Aber so ganz kam ich dann doch nicht weg von meinem Computer und von den Frauen. Ich lernte im Chat eine verheiratete Frau kennen, ihr Nickname war Moni. Sie erzählte mir, dass sie in ihrer Ehe nicht glücklich war. Sie wollte mich treffen. Ich lud sie zu mir in die Wohngemeinschaft ein. Am nächsten Tag kam sie tatsächlich zu mir. Wir waren kaum in meinem Zimmer, als wir übereinander herfielen. Wir wollten beide dasselbe, wir wollten uns nur lieben, uns das geben, was uns die Menschen nicht geben konnten. Jedes Mal, wenn sie mich verließ, kam wieder diese Leere in mein Inneres. Ich erkannte, dass es einen anderen Weg geben musste, um diese Leere auszufüllen. Kein Mensch konnte mir das geben, was ich wirklich brauchte. So traf ich für mich eine Entscheidung, die mein ganzes Leben ändern sollte: Ich entschied mich, mir einen Hauskreis zu suchen, der es mir ermöglicht, immer wieder in der Bibel zu lesen. Ich fing an, meinen Blick auf Gott zu richten. Ich wollte so nicht mehr weitermachen. Das Verhältnis mit Moni hatte ich beendet. Sie verstand es nicht. Ich sagte ihr: „Ich kann so nicht weitermachen, ich will mein Leben neu anfangen." Dies konnte sie nicht verstehen. Ich machte mich auf die Suche nach einem Hauskreis. Dabei landete ich bei den Siebenten-Tags-Adventisten. Dem Leiter erklärte ich meine Situation. Ich sagte zu ihm: „Ich suche einen Hauskreis, der es mir ermöglicht, in der Bibel zu lesen." Ich erzählte ihm, dass ich große Probleme mit Internet und Pornografie hätte, worauf er meinte: „Sie haben mit dem Teufel einen Pakt geschlossen und Verträge ihrer Vorfahren übernommen." Ich fragte ihn: „Ja, was kann ich dagegen tun?". Ich hatte ja keine Ahnung. Alles, was er mir erzählte, glaubte ich ihm. Er gab mir ein Buch über Okkultismus und Totenanbetung mit, dies sollte ich lesen. Ich vertraute ihm. Nie hätte ich gedacht, dass ein Buch in mir Angst auslösen könnte. So nahm ich das Buch und ließ mich nach Hause fahren. Am nächsten Morgen stand ich auf, nahm zuerst meine Bibel und las die Tageslosung. Den Computer ließ ich an diesem Morgen aus. Als ich die Losung gelesen hatte, nahm ich das Buch, das er mir mitgegeben hatte und schlug es auf. Ich fing an zu lesen. Als ich die Mitte des Buches erreicht hatte, merkte ich in meinem Inneren, wie Angst in mir hochstieg. Ich legte dieses Buch zur Seite und dachte, ich muss mit jemandem reden. Ich hatte diese Siebenten-Tags-Adventisten-Gemeinde schon das zweite Mal besucht.

Der pensionierte Pfarrer

In Gedanken an das Buch und was dort geschrieben stand, verließ ich das Haus. Sollte ich wirklich Verträge von meinen Vorfahren mit dem Feind übernommen haben? Dies wollte und konnte ich irgendwie nicht richtig glauben. Aber was, wenn es wahr wäre? Mein Weg führte mich an der Hauptstraße zur katholischen Kirche. Ich betrat die Kirche, um die Ruhe zu genießen. Ich spielte mit dem Gedanken, bei dem zuständigen Pfarrer zu läuten. Ich wollte die Wahrheit wissen. So verließ ich die Kirche und suchte das Pfarrhaus. Nach kurzer Zeit fand ich es dann. Ich läutete, aber nichts tat sich. Wieder läutete ich. Dieses Mal kam jemand an die Haustür – vor mir stand ein alter Mann. Ich fragte mich in diesem Augenblick: Sollte dies der Pfarrer sein? Nein, der war doch viel zu alt. Das konnte nicht der Pfarrer sein. Er fragte mich: „Was kann ich für Sie tun? Wenn Sie Geld wollen, ich gebe Ihnen kein Geld." Ich antwortete ihm: „Ich will kein Geld, ich brauche ein Gespräch." Wieder sagte er: „Also, wenn Sie Geld wollen, ich gebe Ihnen kein Geld.", worauf ich nochmals sagte: „Hören Sie, ich möchte kein Geld. Ich würde gerne mit Ihnen sprechen." Nachdem er es verstanden hatte, bat er mich ins Haus. Er ging vor und ich folgte ihm. Wir betraten ein Zimmer, in dem ein Tisch stand; wir setzten uns gemeinsam an den Tisch. Ich stellte mich ihm vor. Er fragte mich: „Was kann ich für Sie tun?". Ich erzählte ihm von meinen Problemen, von meiner psychischen Erkrankung, von meiner Internetsucht und von meiner Bindung an die Pornografie. Weiter erzählte ich ihm, dass ich mir daraufhin eine Gemeinde gesucht hatte, um aus diesen Problemen zu kommen. Ich verschwieg auch nicht, dass man mir ein Buch über Totenanbetung und Okkultismus mitgab. Außerdem teilte ich diesem Pfarrer mit (es stellte sich in unserem Gespräch heraus, dass er pensioniert war), dass der Leiter dieser Gemeinde meinte, ich hätte irgendwelche Verträge meiner Vorfahren mit dem Satan übernommen. Jetzt wurde er neugierig und hellhörig. Er fragte mich: „Herr Kaufmann, können Sie mir sagen, wie diese Gemeinde heißt?". Ich konnte ihm keinen Namen nennen, da ich darauf nicht geachtet hatte. Ich konnte mir aber merken, dass diese Gemeinde samstags ihren Sabbat feierte. Dies sagte ich ihm. Plötzlich sagte er: „Kann es sein, dass diese Gemeinde, in der Sie sind, Siebenten-Tags-Adventisten heißt?“, worauf ich sagte: „Ja genau, so nennen sie sich.“ Er meinte und gab mir dringlich den Rat, die Finger von dieser Gemeinde zu lassen, es würde sich um eine Sekte handeln. Mir fiel nichts mehr ein. Das Einzige, was ich bei unserem Gespräch noch fragte, war: „Was mache ich jetzt? Jetzt bin ich wieder ohne Gemeinde.“ Er sagte: „Ich gebe Ihnen eine Telefonnummer von der evangelischen Kirche. Setzen Sie sich mit dem Dekan in Verbindung. Er wird Ihnen weiterhelfen.“ So nahm ich den Zettel mit der Nummer und verließ das Zimmer. Zuvor bedankte ich mich noch herzlich bei ihm und wünschte ihm, ohne dass ich es eigentlich merkte, Gottes Segen. Als ich dann endlich wieder im Freien stand, schaute ich auf meine Armbanduhr. Dieses Gespräch ging tatsächlich über eineinhalb Stunden. Ich ging nach Hause und fühlte mich sichtlich wohler. Ich entschied mich, dieses Buch nicht weiterzulesen. Ich wusste, es war nicht gut für mich. Ich befand mich auf einem Irrweg, um die richtige Gemeinde zu finden.

Der Dekan

Ich war nach dem Gespräch mit dem pensionierten Pfarrer wieder zu Hause, saß an meinem Schreibtisch und ging wie immer ins Internet. Ich wollte mit irgendjemandem chatten, konnte mich aber nicht konzentrieren. Irgendetwas war anders als bisher. Immer wieder schaute ich auf die Telefonnummer, die ich mitbekommen hatte.

Ich nahm den Notizzettel zur Hand und schaute unentwegt darauf. Nach einem kurzen Blick auf meine Armbanduhr nahm ich das Telefon zur Hand, wählte die Nummer, die auf dem Notizzettel stand. Ich wartete, dann meldete sich am anderen Ende der Herr Dekan. Ich erzählte ihm in kurzen Sätzen meine Geschichte. Dabei erwähnte ich, dass ich seine Nummer von dem katholischen Pfarrer bekommen hatte. In unserem Gespräch erzählte ich dem Dekan von diesem seltsamen Buch, das ich von der Gemeinde hatte. Er gab mir einen Termin, den ich in meinem Handy notierte – ich wollte diesen Termin in jedem Fall wahrnehmen – und meinte, ich solle es dann mitbringen. Was würde mich erwarten? Konnte dieser Mann mir helfen? Mir gingen so viele Gedanken im Kopf herum. Längst hatte ich einen Punkt in meinem Leben erreicht, an dem ich nicht weiterkam. Ich saß nur noch vor dem Computer und beschäftigte mich ausschließlich damit, meine Triebe zu stillen. Entweder bestellte ich mir irgendwelche Frauen oder ich schaute mir die perversesten Videoclips an, um mich dabei selbst zu befriedigen. Mich ekelte es vor mir selbst. Dann war es soweit. Der Tag, an dem ich diesen Termin bei dem Dekan hatte, war endlich da. Ich zog meine Jacke an und ging voller Erwartung zu dieser Adresse, die er mir bei unserem Telefonat gegeben hatte. An seinem Büro angekommen, klopfte ich an seine Türe: „Einen Moment bitte." Also wartete ich. Die Zeit schien nicht vergehen zu wollen. Mir kam das Warten unendlich lange vor. Aber dann ging endlich die Tür auf und ein älterer Herr kam aus dem Büro. Gleich nach ihm folgte ein weiterer Herr, dies musste der Dekan sein. Ich streckte ihm meine Hand entgegen und sagte: „Herr Dekan.", worauf er erwiderte: „Herr Kaufmann, kommen Sie herein."

„Was kann ich für Sie tun?", fragte er mich. Ich erzählte ihm meine Geschichte und welche Probleme ich hatte. Auch erwähnte ich ihm, dass ich mich einer Gemeinde angeschlossen habe, die mir dieses sehr merkwürdige Buch mitgab. Er fragte mich: „Ist das dieses Buch?". Ich sagte: „Ja, das ist es, was ich von dieser Gemeinde bekam und in mir eine gewisse Angst auslöste." Er gab mir eine Telefonnummer einer anderen Gemeinde. Er meinte, ich solle mich mit dem Leiter in Verbindung setzen, worauf ich fragte: „Wie heißt diese Gemeinde?". Er sagte mir: „Es ist die Süddeutsche Gemeinde Glocke." Das hörte sich für mich gut an. Ich nahm den Notizzettel an mich und verließ nach etwa einer Stunde das Büro des Dekans.

Der Wechsel in die neue Gemeinde

Ich ging nach Hause. Ich hatte mehr erwartet, als nur eine Notiz mit einer

Telefonnummer. Aber dennoch war ich froh, dieses Buch losgeworden zu sein. Es würde mir keine Angst mehr machen. Zuhause angekommen, nahm ich das Telefon und wählte die Nummer. Voller Erwartung wartete ich ab. Es klingelte ein paar Mal, dann schaltete sich der Anrufbeantworter ein. „Mist“, dachte ich, „niemand zu Hause.“ Ich sprach mein Anliegen auf das Band und meine Nummer und legte wieder auf. Es verging etwa eine Woche. Als ich wie gewohnt zu Hause an meinem Computer saß, klingelte das Telefon. Ich meldete mich: „Ja, Kaufmann.“ Ich hörte, wie ein Herr sagte: „Ja, hier ist Till von der Gemeinde Glocke.“ Wie freute ich mich plötzlich über diesen Anruf. Ich erzählte ihm die ganzen Probleme, die mich so belasteten und dass ich mir eine Gemeinde wünsche. Till lud mich für den kommenden Donnerstag in seine Gemeinde ein. Er fragte mich: „Wissen Sie, wo das ist, Herr Kaufmann?“. Ich musste das mit Nein beantworten. Nachdem er es mir erklärt hatte, freute ich mich nur noch auf diesen Tag. – An welchem Wochentag er mich angerufen hatte, kann ich mich heute nicht mehr erinnern. – So wartete ich auf jenen Donnerstag, um mir diese Gemeinde anzusehen. Endlich war er da, der Tag, der mich eventuell in eine neue Gemeinde bringen sollte. Ich nahm die Notiz mit der Adresse, die mir Till am Telefon gab. Da ich kein Auto hatte, musste ich beizeiten los, um pünktlich zu sein. Nach einer halben Stunde erreichte ich das Gemeindehaus. Es waren schon einige Menschen da und man begrüßte mich herzlich.

Ich hielt mich etwas zurück, denn Till war noch nicht eingetroffen. Man ging zusammen in ein Zimmer. Dort standen im Kreis Tische. Ich setzte mich an einen freien Platz und wartete ab, was passieren würde. Dann kam endlich Till. Er sah, dass ich neu dazu gekommen bin und fragte mich: „Sind Sie Herr Kaufmann?“. Ich sagte: „Ja, der bin ich, wir haben zusammen telefoniert.“ Er begrüßte mich herzlich und meinte: „Fühlen Sie sich wohl.“ Wir sangen ein paar Lieder und beteten. Komisch, ich betete einfach mit. Ich fühlte mich überhaupt nicht unwohl. Nachdem man gesungen und gebetet hatte, nahm man ein Bibelthema. Dies wurde von Till vorgelesen. Dann sprach man darüber. Dies war der sogenannte Donnerstagabend.

Ich hatte inneren Frieden. Ich wurde von einem Mitglied dieser Gemeinde nach Hause gefahren und entschied mich, von den Siebenten-Tags-Adventisten zu dieser Gemeinde zu wechseln. An diesem Abend ging ich nicht mehr ins Internet, ich wollte schlafen gehen und noch mal über alles nachsinnen. Am nächsten Tag stand ich wie gewohnt auf. Irgendetwas war aber an diesem Morgen anders. Ich schaltete den Computer nicht ein, sondern ging in die Küche und machte mir mein Frühstück. Ich setzte den Kaffee auf und ging wieder in mein Zimmer. Schon längst hatte ich mir eine Tageslosung gekauft. Diese nahm ich zusammen mit meiner Bibel und fing an, sie zu lesen.

Ich weiß nicht ob ich an diesem Morgen gebetet habe. Aber eines wusste ich: Es geschah was mit mir, als ich in der Bibel las. Ich sollte bald merken, dass Gott zu mir sprechen würde und mich in eine andere Gemeinde stellen würde, von der ich noch nichts wusste.

Gottes Reden

Wieder ging ich in die Gemeinde. Es war schon das zweite Mal, dass ich jetzt dorthin ging. Aber es war anders. Ich fing an, mich nicht mehr wohl zu fühlen. Ich wusste aber nicht, woran das lag. Mit Till hatte ich am ersten Abend über meine Probleme gesprochen. Er meinte, dass es dauern würde, bis ich da durch wäre. Die Wochen vergingen. Ich war etwa sechs Wochen in dieser neuen Gemeinde, als mir plötzlich bewusst wurde: Irgendetwas fehlt mir in dieser Gemeinde, aber ich wusste nur nicht, was es war. Ich wusste für mich, dass dies nicht die richtige Gemeinde ist. Dass Gott mich schon vorbereitet hatte, wusste ich nicht. Ich ging an diesem Abend gleich nach Hause. Am anderen Morgen setzte ich mich an meinen Computer. Ich ging auf meine Chat-Seite. Kaum war ich online, als ich von einem jungen Mädchen angeschrieben wurde. Wieder einmal ließ ich mich auf irgendwelche Spielchen ein, obwohl ich wusste, dass es falsch war. Immer noch war diese Leere in meinem Herzen, immer noch versuchte ich, sie auszufüllen. Nachdem ich meine Befriedigung hatte, nahm ich meine Bibel und meine Losung, setzte mich auf mein Sofa, schlug beides auf und fing an zu lesen. Als ich die Losung gelesen hatte, schlug ich das Neue Testament auf und las einfach in der Bibel weiter. So in Gedanken versunken und mich auf den Text konzentrierend, war mir, als wenn eine innere Stimme zu mir spricht: „Setze dich an deinen Computer und gib bei Google ‚Bibelgemeinde Schwäbisch Hall' ein." Ich stand auf, ging zu meinem Computer, der immer noch lief und gab bei Google, wie mir die Stimme sagte, diesen Suchbegriff ein. Mir war klar: Wenn ich einen Begriff bei dieser Suchmaschine eingeben würde, würden tausende Begriffe auftauchen. Aber in diesem Fall stand nur eine einzige Adresse dort: Volksmission Entschiedener Christen Schwäbisch Hall. Nun sprach die innere Stimme zu mir: „Ruf dort an." Ich wusste zu diesem Zeitpunkt nicht, dass es das Reden Gottes war und dass er zu mir sprach. So nahm ich das Telefon und wählte die Nummer, die ich auf der Homepage lesen konnte. Es meldete sich eine Frau. Ich stellte mich vor und teilte ihr mit, dass ich eine Gemeinde suche. Sie sagte mir: „Einen Augenblick, ich gebe ihnen den Pastor." Ich wartete und dann war ein junger Mann am Telefon, der sagte: „Ja, Berner, Volksmission Schwäbisch Hall." Ich erzählte ihm, dass ich eine Gemeinde suchte. Auch erzählte ich ihm von meinen Problemen und dass ich schon in zwei Gemeinden gewesen wäre, aber mich dort nicht wohlfühlte. Der Pastor lud mich für den kommenden Sonntag zum Gottesdienst ein. Er fragte mich, wo ich denn wohnen würde und ob ich wüsste, wo die Gemeinde sei. Nach kurzer Erklärung fiel mir dieses Gebäude ein. Schon so viele Male war ich daran vorbeigelaufen, ohne darauf zu achten. Ich konnte es kaum abwarten, um dort zu sein. Wieder zählte ich die Tage. Endlich war es Sonntag. Ich stand beizeiten auf und überlegte mir, was ich anziehen sollte. Ich entschied mich, ein weißes Hemd, eine dunkelblaue Stoffhose sowie mein gelbes Sakko anzuziehen. So ging ich am 19.04.2009 in die Gemeinde Volksmission in Schwäbisch Hall. Ich war schon eine halbe Stunde früher da, aber irgendetwas versuchte, mich zu hindern, in das Gebäude zu gehen. Aber ich nahm allen Mut zusammen und betrat das Gemeindegebäude.

Der Brief

Ich schaute mich um, ging die Treppen hoch und wurde auch schon von den ersten Menschen der Gemeinde herzlich begrüßt. Ich betrat den Andachtsraum, wo schon gesungen wurde. Angeblich probte man für den Gottesdienst. Auf dem Podest standen zwei Damen, die Lieder sangen. Begleitet wurden sie von einem jungen Mann. Eine der Damen schaute immer wieder zu mir herüber. Eine Woche später erfuhr ich ihren Namen; wir sollten noch sehr gute Freunde werden, was ich aber zu diesem Zeitpunkt noch nicht wusste. Der Pastor kam auf mich zu, nachdem er mich gesehen hatte, und erkundigte sich, ob ich Herr Kaufmann sei, was ich bestätigte. Ich wurde herzlich von ihm begrüßt. Pünktlich um 10.00 Uhr begann er mit seiner Predigt. Es ging um Jesus und um die Vergebung der Sünden.

Inmitten der Predigt setzte sich ein Herr neben mich. Ich schaute kurz zu ihm, es war ein älterer Herr mit grauem Haar. Dass er einmal mein bester Freund sein würde, darüber war ich mir nicht im Klaren – wie sollte ich auch. Als die Predigt vorbei war, sprach er mich an. Wir stellten uns gegenseitig vor. Er fragte mich: „Was halten sie von dem, was der Pastor predigte?" – „Was soll ich davon halten?", fragte ich zurück. Wieder fragte er mich: „Glauben Sie, dass Jesus für Sie und für Ihre Sünden am Kreuz starb?"

Ich wusste nicht, was ich glauben sollte. Ich erwähnte dem Herrn, wie tief ich im Dreck stecken würde, dass ich in tiefster Sünde stecke, worauf er meinte: „Genau dafür kam Jesus auf diese Welt, um für die Sünden aller Menschen zu sterben." Ich würgte das Gespräch ab, indem ich zu ihm sagte: „Wissen Sie, eigentlich suche ich nur einen Hauskreis, wo ich die Möglichkeit habe, in der Bibel zu lesen." Er führte mich zu einem anderen Herrn. Auch ihm erzählte ich, dass ich einen Hauskreis suchte. Mit dem, was jetzt kam, hatte ich nicht gerechnet. Dieser Herr übergab mir einen Brief. Er meinte nur: „Ich habe einen Brief von einem unbekannten Autor für Sie, den soll ich Ihnen geben." Ich hatte so verrückte Gedanken, ich hielt diesen Brief für einen Liebesbrief; und irgendwie war er das auch. Aber kein Liebesbrief aus menschlicher Sicht, sondern es war für mich ein persönliches Angebot Gottes, von meinem falschen Weg umzukehren. Ich nahm diesen Brief an mich und bedankte mich bei ihm. Ich gab ihm meine Telefonnummer und ging nochmals zum ersten Herrn. Auch ihm gab ich meine Telefonnummer. Dann ging ich wieder nach Hause. Auf dem Nachhauseweg öffnete ich den Brief. Was ich dort zu lesen bekam, berührte mein Herz so intensiv, ich konnte meine Tränen nicht zurückhalten. Dort stand: „Du denkst vielleicht, das gilt nicht für mich, ich habe zu viel auf dem Kerbholz. Aber Gott sagt DIR – und seine Worte sind wahr: Ich vergebe dir alle Schuld, egal, was du getan hast, egal, wie groß dir deine Schuld erscheint. Für Gott gibt es keine größere oder kleinere Schuld. Kehre um zu IHM, und er wird dir vergeben. Du musst es nur von Herzen glauben und annehmen. Reiße es an dich, und lass dich durch nichts und von niemandem von dieser Wahrheit abbringen. Sie gilt für DICH!“

Ich heulte wie ein kleines Kind. Dieser Brief ließ mich erkennen, dass ich wirklich in Sünde lebte. Ich wollte und brauchte diese Vergebung. Ich wollte diesen Jesus kennenlernen. Nach diesem Gottesdienst änderte sich einfach alles. Es war nichts mehr so wie eh und je. Ich hatte unbewusst den richtigen Weg gewählt. Ich würde auch nächsten Sonntag wieder in den Gottesdienst gehen.

Der Hauskreis

Zu Hause angekommen legte ich den Brief zur Seite und bereitete mir erst mal etwas zu Essen. Ich dachte nicht mehr an den Vormittag oder an den Brief. Ich lebte in einer Wohngemeinschaft für psychisch Kranke und war dennoch allein. Ich hatte nicht viel Kontakt mit meinen Mitbewohnern. So ging ich nach dem Essen in mein Zimmer und widmete mich meinem Computer – wie an jedem Tag ging ich ins Internet. Nur dieses Mal hatte ich keine große Lust auf irgendwelche Sexspielchen.

So versuchte ich den Tag herumzubringen. Am 20.04.2009 rief mich der erste Herr an, als ich wieder einmal an meinem Computer saß und mit einem Mädchen chattete. Er wollte mich zu sich einladen, aber ich lehnte ab, da es mir zu kurzfristig war. Der wahre Grund war: Ich konnte mich nicht von meinem Computer losreißen. Er meinte daraufhin nur: „Na gut, vielleicht ein anderes Mal." Ich ging früh schlafen. Ich machte mir über diesen Anruf keine Gedanken. Am 21.04.2009 rief mich der zweite Herr an und lud mich für den nächsten Tag in seinen Hauskreis ein. Da fing ich an, mir Gedanken zu machen. Spontan sagte ich zu. Ich erklärte ihm, dass ich kein Auto hätte, und fragte ihn, ob er mich abholen könnte, wozu er sich bereit erklärte. Wir vereinbarten einen Treffpunkt und eine Uhrzeit, wo und wann er mich abholen wollte. Jetzt hatte ich Zeit. Was sollte ich tun? Ich entschloss mich, wieder ins Internet zu gehen. Es bestimmte immer noch mein Leben. Wieder gab ich mich mit den unmöglichsten Seiten ab. Dann kam der Tag, der mein ganzes Leben veränderte.

Es war der 22.04.2009. Ich hatte am Nachmittag noch eine verheiratete Frau aus dem Internet bei mir; sie wohnte in meiner Umgebung. Am Abend wurde ich dann von dem Herrn abgeholt, und wir fuhren zusammen in seine Wohnung, wo der Hauskreis stattfinden sollte. Dort waren etwa acht Personen dieser Gemeinde. Als ich den Raum betrat, merkte ich sofort: Diese Menschen haben etwas, was ich nicht habe. Und ich wollte auch, was sie haben. Nur wusste ich noch nicht, was es war.

Ich setzte mich auf das Sofa und wartete ab, was passieren würde. Herr Schmidt fing an zu beten. Es wurden Lieder gesungen. Ich versuchte, so gut es ging mitzusingen, auch wenn ich diese Lieder nicht kannte. Irgendwann wurde das Wort an mich gerichtet. Ich erzählte ihnen frei von meinen Problemen und davon, dass ich am Nachmittag eine verheiratete Frau bei mir hatte. Wieder wurde mir gesagt, dass Jesus für mich am Kreuz starb und dass er sein heiliges und kostbares Blut für mich vergossen hätte. Mir fiel dieser Brief wieder ein. Ich sagte in etwa so: „Wenn dieser Jesus auch für mich am Kreuz starb und sein Blut für mich vergossen hat und ich in ihm Vergebung für meine Schuld finde, dann möchte ich ihn in mein Leben einladen und ihm die Führung meines Lebens überlassen."

Das Übergabe-Gebet

So sprach ich vor diesen Menschen, die mir fremd waren und die ich nicht wirklich kannte, ein Gebet. Ich weiß heute nicht mehr, ob ich auf die Knie gegangen war oder nicht. Mein Gebet lautete damals in etwa so: „Lieber Herr Jesus, ich glaube, dass du für mich und für meine Schuld am Kreuz gestorben bist und du dein heiliges und kostbares Blut für mich vergossen hast. Ich bitte dich, vergib du mir alle meine Sünden, die ich bewusst oder unbewusst begangen habe und nimm du mein Leben in deine Hände. AMEN.“ Als ich zu Ende gebetet hatte, spürte ich in meinem Inneren, dass etwas vor sich ging. Mir war, als wenn ich aus einer Zwangsjacke schlüpfen würde. Ich spürte in meinem Herzen, dass Jesus nun mein Herr war und er bei mir einzog. Mir war vergeben, ich gehörte nun Jesus. Er hatte mir meine Sünden vergeben. Mir erschien alles so leicht, die ganze Last, die mich so niederdrückte, war auf einmal weg.

Zufrieden und glücklich ließ ich mich von Herbert (wir einigten uns auf das Du) nach Hause fahren. Dort in meinem Zimmer schloss ich die Zimmertür nach mir zu und betete noch einmal zu Jesus. Ich wollte ihm meine Entschlossenheit bestätigen. Ich ging an diesem Abend noch einmal kurz ins Internet, aber es war nicht mehr so, wie es bisher war. Ich wurde angeschrieben und gefragt, ob ich Lust auf die Spielchen hätte, die ich so lange Zeit mit irgendwelchen Frauen machte. Ich lehnte mit der Begründung ab, dass ich jetzt Christ sei und mein Leben in die Hände Jesu gegeben habe. Ich wurde nicht verstanden, aber ich blieb bei meinem Entschluss. So kam es, dass ich von nun an jeden Tag in der Bibel las. Ich saugte das Wort Gottes in mich auf wie ein Ertrinkender bzw. wie ein Schwamm. Bald merkte ich, dass mir mein tägliches Bibellesen nicht mehr genügte. Ich wollte mehr. So besorgte ich mir illustrierte Hefte eines Missionswerks. Dort bot man Bibelstudien an. Diese wollte ich unbedingt mitmachen. Ich bestellte mir erst ein Studium, dann ein zweites, bis ich alle Fernstudien hatte. So machte ich in zwei Monaten insgesamt neun Bibelfernstudien. Ich las alles über das Christentum.

Meine Bekehrung lag jetzt schon vier Tage zurück. Wieder ging ich in die Volksmission und wieder wurde ich von den Geschwistern herzlich begrüßt, denn das waren sie jetzt. Ich hatte eine Familie – ich gehörte zur Gottesfamilie. Dieses Mal hörte ich der Predigt genauer und bewusster zu. Ich war dankbar, diesen Schritt gemacht zu haben. Nach der Predigt bot man Kaffee an. Ich entschloss mich, dieses Mal nicht gleich zu gehen, sondern noch in der Gesellschaft mit den Gemeindemitgliedern zu bleiben. Ich lernte Vanessa kennen. Wir verstanden uns prima. Nachdem wir ins Gespräch kamen, ließ sie mich wissen, dass sie keine Raucher mochte.

Wenn euch nun der Sohn frei macht ...

Ich wollte ihr gefallen und für sie würde ich sogar auf das Rauchen verzichten. Schon so viele Male hatte ich versucht aufzuhören. Aber immer wieder griff ich zu den Zigaretten. Ich nahm mir ernsthaft vor aufzuhören, aber es klappte nicht.
Ich ging weiterhin in die Gemeinde. Am 26. April 2009 fragte mich Vanessa, was das Rauchen mache, ob ich schon aufgehört hätte. Leider musste ich dies mit Nein beantworten. Sie meinte nur, ich solle dran bleiben und das machte ich auch. Es vergingen noch einige Tage bis zum 30. April. In meinem Zimmer ging ich auf die Knie und betete zu Jesus: „Jesus, ich glaube, wenn du willst, kannst du mich von dieser Nikotinsucht frei machen. Ich will aber keine Entzugserscheinungen haben, auch will ich nicht dicker werden.“ Als ich das Gebet beendet hatte, entschied ich mich, ab dem 1. Mai keine mehr zu rauchen. Ich habe erlebt, dass Jesus mich von dieser Sucht befreite. So viele Male hatte ich es selbst versucht und bin doch immer gescheitert. Voller Freude ging ich am kommenden Sonntag in die Gemeinde und erzählte von meiner Befreiung. Wie es in Johannes 8,36 heißt: „Wenn euch nun der Sohn frei machen wird, so seid ihr wirklich frei.“ Dies nahm ich für mich persönlich in Anspruch. Alles andere wollte ich nicht glauben. Für mich stand fest, dass es Jesus war, der mich frei gemacht hatte. Ihm sei Lob und Dank, ihm gehört alle Ehre bis in

alle Ewigkeit. Vanessa und meine anderen Geschwister im Herrn freuten sich so sehr über dieses Ereignis. Immerhin hatte ich 35 Jahre geraucht und das täglich bis zu 40 Zigaretten.

Wenn ich zu Hause saß, nahm ich die Bibel in die Hand und fing einfach an zu lesen, auch wenn ich einiges noch nicht verstand. Dennoch, obwohl ich mich mit dem Wort Gottes befasste, zog es mich immer wieder an den Computer. Ich machte seit neuestem irgendwelche Spiele, die für mich doch eher harmlos waren. Aber ein Außenstehender würde sagen, dass ich abhängig sei. Wenn wir uns für Jesus entscheiden, wird er uns in Liebe verändern, er wird alles hinwegnehmen, was ihm nicht gefällt. Er wird uns durch einen Prozess der Heiligung führen. Wo Verletzungen sind, wird er uns heilen, wo Bindungen sind, wird er uns freisetzen. Wo wir Bollwerke oder Mauern um uns aufgebaut haben, wird Jesus sie zum Einsturz bringen. Jesus möchte nicht, dass irgendetwas zwischen ihm und uns steht.

Dann kam der Tag, an dem der Herr zu mir sprach und sagte, ich solle meine 70 DVDs verkaufen. Es waren die unterschiedlichsten Filme: Action, Abenteuerfilme, Erotikfilme usw. So nahm ich alle, legte sie auf mein Französisches Bett und fotografierte sie. Ich setzte sie ins Internet und wartete. Nach etwa einer Woche bekam ich eine E-Mail einer Person, die tatsächlich Interesse an allen Filmen zeigte. Wir einigten uns auf 70,– €. So verkaufte ich alle Filme auf einmal.

Als nächstes sollte ich meinen Fernseher und mein DVD-Gerät verkaufen. Es fiel mir nicht besonders schwer, mich davon zu trennen. Auch der Fernseher diente mir für meine Sucht, indem ich mir immer wieder Softpornos anschaute. So verkaufte ich beide Geräte an meine Nachbarin. Ich erlebte, wie mich Jesus Stück für Stück von den Dingen freisetzte, die nicht gut für mich waren – und dafür bin ich meinem Herrn Jesus so unendlich dankbar.

Der Computer

Das Rauchen hatte ich aufgegeben, der Fernseher und das DVD-Gerät waren verkauft sowie alle Filme, die ich hatte. Es stand nur noch mein Computer im Zimmer, an den ich mich weiterhin wie bisher setzte. Ich machte mir ehrlich keine Gedanken darüber, dass ich Jesus traurig machen würde, wenn ich weiterhin ins Internet ging. Natürlich ging ich auch weiterhin in die angemeldeten Chaträume. Auch chattete ich immer noch mit Frauen, aber ich ließ keine mehr zu mir kommen.

Was das Thema Computer betraf, war ich immer noch gebunden, und somit schaute ich mir weiterhin pornografische Videoclips an, um den Liebesmangel auszufüllen. Längst hatte ich einen Erotikchat gefunden, in den ich immer wieder hineinging, um mich zu stimulieren und zu befriedigen. Dann kam die Selbstverdammnis. Ich fühlte mich schlecht und schuldig. Ich war mir dessen bewusst, was ich tat. Da Jesus in mir lebte, musste er sich das alles mit ansehen und das machte ihn bestimmt traurig. Immer wieder bat ich Jesus um Vergebung, brachte meine Fehler ans Kreuz. Dann kam der Tag, an dem der Herr wieder zu mir sprach und mir einen Eindruck schenkte. Ich hatte den starken Eindruck, dass ich meinen Computer verkaufen sollte.

Ich fertigte einen Zettel an, auf dem ich alle wichtigen Daten des Computers von meinem Mitbewohner der Wohngemeinschaft aufschreiben ließ. Diesen Zettel nahm ich und brachte ihn nach Absprache mit meinem Pastor in die Gemeinde. Dort hängte ich ihn aus. Ich versprach Gott: Wenn er mir einen Käufer senden würde, würde ich ihm 10 % vom Erlös geben. Es verging einige Zeit, aber nichts tat sich. Ich hatte schon die Hoffnung aufgegeben. Wie immer ging ich sonntags in die Gemeinde. Dort sprach man mich auf meinen Computer an; ich wurde gefragt, warum ich ihn denn verkaufen würde, worauf ich sagte: „Ich habe Probleme mit dem Internet. Ich kann nicht damit umgehen.“ Nichts tat sich. Die Wochen vergingen, bis mich eine Schwester im Herrn anrief und sich nach dem Computer erkundigte. Ich nannte ihr noch mal den Preis. Ich dachte, 250,– € wäre ein guter Preis. Sie wollte sich das Gerät ansehen. Ich bat sie zu mir. Nach etwa einer Stunde war sie bei mir und kaufte den Computer. So trennte ich mich mit Seufzen von meinem Computer. Wie versprochen, gab ich dem Herrn den Zehnten des Erlöses.

Gott belohnt Gehorsam

Nun hatte ich viel Zeit zum Lesen. Ich nahm meine Bibel und studierte im Wort Gottes. Ich kaufte mir Bibelkommentare des Neuen Testaments und irgendwann noch ein Lexikon zur Bibel. Ich fing an, aus dem Lexikon irgendwelche Themen herauszuschreiben. Aber ich merkte bald, dass ich nicht mehr richtig lesen konnte; mir brannten die Augen und ich bekam des Öfteren Kopfschmerzen. Es kam keine Besserung, so entschloss ich mich, zum Augenarzt zu gehen. Meine Ärztin fragte mich, ob ich viel lesen würde, was ich mit Ja beantwortete. Nach etwa einer halben Stunde Untersuchung meinte sie nur: „Sie brauchen eine Gleitsichtbrille." In mir schrie alles auf. Ich und eine Brille, das geht ja gar nicht. Aber was sollte ich machen. Also nahm ich das Rezept, das sie mir mitgab, und suchte mir einen Optiker. Ich ging in das erste Geschäft. Dort erkundigte ich mich genau, welche Kosten auf mich zukommen würden, wenn ich sie in Auftrag geben würde. Man sagte mir, ich müsste mit 600,– € rechnen. Ich dachte, ich höre nicht recht. So ging ich in das zweite Geschäft. Auch hier wurden mehrere Hundert Euro verlangt. So ging das bis zum vierten Geschäft. Das billigste Angebot, das ich bekam, lag bei 400,– €. Das überstieg meine Finanzen, außerdem hatte ich ja noch eine gesetzliche Betreuerin und die würde das nie genehmigen. Entmutigt ging ich in meiner Wohngemeinschaft in mein Zimmer und schloss die Tür. Ich kniete nieder und betete zum Herrn. Wieder einmal durfte ich erfahren, wie treu Jesus ist.
Meinen Computer hatte ich ja verkauft, aber den Drucker wollte die Käuferin nicht, der stand immer noch bei mir. Ich sagte: „Jesus, du siehst mich und weißt, dass ich eine Brille brauche, aber nicht das Geld habe, um sie mir zu kaufen. Ich habe keine 600,– oder 400,– €. Bitte hilf mir, dass ich zu dem Geld komme, um mir diese Gleitsichtbrille zu kaufen. Ich danke dir, dass du mir hilfst. Amen." Einige Zeit später bekam ich an der rechten Hand einen Juckreiz. Ständig juckte mein rechter Handballen. Ich musste mich immer kratzen, es war unerträglich. Dies veranlasste mich, zum Arzt zu gehen. Er verschrieb mir eine Salbe und meinte, ich hätte eine sehr

trockene Haut. Das brauchte er mir nicht zu sagen, das wusste ich selbst. Er meinte noch: „Sie müssen ihre Hand öfter eincremen.“ So verließ ich seine Praxis und lief nach Hause. Ich befand mich in der Gelbinger Gasse, als plötzlich Gott zu mir sprach: „Geh in dieses Optikergeschäft.“ Da erst fiel mir dieses Optikergeschäft auf. So viele Male lief ich durch diese Gasse und nie hatte ich es gesehen. Ich gehorchte der Stimme Gottes und betrat das Geschäft. Eine Dame begrüßte mich, sie war die Frau des Besitzers. Ich erzählte ihr, dass ich beim Augenarzt war und jetzt eine Gleitsichtbrille bräuchte. Sie rief ihren Mann. Dieser fragte mich, wozu ich die Brille bräuchte. Ich teilte ihm mit, dass ich sehr viel lesen würde. Ich erzählte ihm von seinen Kollegen und von den Preisen, die auf mich zukommen würden. Daraufhin meinte er nur zu mir: „Herr Kaufmann, vergessen Sie, was meine Kollegen sagten. Ich finde es schade, dass meine Kollegen unwissende Leute abzocken. Er bot mir eine Gleitsichtbrille mit allem Drum und Dran für 80,– € an. Ich war begeistert. Ohne nachzudenken, gab ich ihm den Auftrag. Er sollte meine Brille anfertigen.
Eine Woche später sandte Gott mir einen Käufer für meinen Drucker. Dieser kaufte auch meine Computerboxen, das Mousepad und noch ein bisschen weiteres Zubehör. Er bot mir für alles 120,– € an; ich sagte sofort zu. Somit konnte ich meine neue Brille bezahlen und hatte sogar noch für den Herrn etwas übrig. Ich habe mich von meinem Computer und dem ganzen Zubehör getrennt und Gott belohnte diesen Gehorsam.

Die Taufe

Seit meiner Bekehrung zu Jesus waren schon zwei Monate vergangen, als in mir der Wunsch aufkam, mich taufen zu lassen. Ich wollte, dass es vollkommen sei. Ich wollte es der sichtbaren und unsichtbaren Welt bezeugen, dass ich nun Jesus gehörte. So ging ich zum Pastor und sprach mit ihm diese Angelegenheit durch. Da es noch andere Geschwister gab, die sich auch taufen lassen wollten, schlug er mir vor, diese Taufen mit meiner zusammenzulegen. Er schlug mir den 12. Juli 2009 vor; ich war damit einverstanden. Ich freute mich wie ein kleines Kind auf diesen Termin. Die Zeit schien aber überhaupt nicht vergehen zu wollen. Ich fühlte mich in dieser Gemeinde richtig wohl. Immerhin hatte mich Gott selbst in diese Gemeinde gestellt, davon war ich fest überzeugt. Dann war der 12. Juli endlich da, an dem ich getauft werden sollte. Ich stand früh auf, machte mein Frühstück und richtete mich für den großen Tag – es war mein Tag. Alle Augen würden heute auf mich gerichtet sein und man würde sich mit mir freuen. Am meisten aber würde sich Jesus freuen, davon war ich felsenfest überzeugt. So entschied ich mich, meinen dunklen Anzug anzuziehen. Pünktlich um 9.30 Uhr war ich in der Gemeinde. Man überreichte mir weiße Kleidung, die ich tragen sollte. So ging ich in die Garderobe und zog mich um. Als ich den Andachtsraum betrat, meinte Vanessa: „Armin, du siehst wie Dr. Brinkmann von der Schwarzwald-Klinik aus.“, und dabei hörte ich sie lachen. Auch ich brach in Lachen aus. Alle meine Geschwister begrüßten mich herzlich und dann war es soweit: Der Gottesdienst begann. Der Pastor würde die Taufe vollziehen. Er erwähnte, dass Jesus uns lehrte, uns taufen zu lassen. Wir hatten einen Gastsprecher an diesem Tag. Auch er predigte von der Taufe, die in der Bibel erwähnt wird. Endlich waren wir an der Reihe. Bevor es ins Wasser ging, hatten wir die Gelegenheit, zur Gemeinde zu sprechen. Jeder sollte erklären, warum er getauft werden wollte. Viele meiner Geschwister im Herrn wussten, mit welchen Schwierigkeiten ich in die Gemeinde kam. Da brauchte es keine große Erklärung. Ich gab Zeugnis darüber, dass ich ganz zu Jesus gehören wollte und ich mich deshalb taufen lassen wollte, weil es einfach dazu gehörte. Als nun alle ihre Erklärungen abgegeben hatten, wurden wir zum Becken geführt.

Als erstes wurde eine Frau getauft. Sie und ihr Sohn waren auch ganz neu in der Gemeinde. Danach kam ihr Sohn dran. Als ich so im Wasser stand, sagte der Pastor noch zu mir: „So Armin, jetzt bist du an der Reihe. Jetzt wird dein Herzenswunsch wahr.“ Ich war der Letzte, der aus dem Wasser stieg. Ich fühlte mich in diesem Moment wie ein neuer Mensch, ich war glücklich und zufrieden.

Die erste Bewerbung

Weiter ging ich zu meinem Hauskreis und in die Gemeinde. So kam es, dass einer meiner Brüder im Herrn mir von einer Bibelschule in Bad Gandersheim erzählte. Weiter erzählte er mir, dass er selbst dort gewesen wäre, worauf ich ihn fragte, ob er denn die Adresse noch hätte. Er gab mir die Kontaktdaten. Somit konnte ich mich bei dieser Schule bewerben. Ich wollte auf diese Bibelschule.

Voller Zuversicht und Hoffnung ging ich an diesem Sonntagmorgen nach Hause. Ich werde am nächsten Tag dort in dieser Bibelschule mal anrufen, dachte ich so bei mir. Mein Tag war wie jeder andere, ich hatte nichts zu tun und langweilte mich unendlich. Dies wurde auch schon lange von meiner Gemeinde bemerkt. Man machte sich Gedanken, wie man mir am besten helfen könnte, damit ich nicht nur zu Hause herumhing. Ich stand wie jeden Morgen auf und nahm erst einmal mein Frühstück zu mir. Danach rief ich auf dieser Bibelschule an. Ich erkundigte mich, was ich tun müsste, um mich für die Bibelschule zu bewerben. Man sagte mir, ich müsste ein geistliches Zeugnis schreiben, das besagt, wie ich zum Glauben kam. Weiter sagte man mir am Telefon, dass man mir Unterlagen zusenden würde. Sie bräuchten zwei Empfehlungsschreiben, eines von meinem Pastor und das zweite von einer anderen Vertrauensperson. „Gut", sagte ich, „schicken Sie mir bitte die Unterlagen zu." Ich war mir sicher, dass ich genommen werden würde. Dass man mich ablehnen könnte, an das dachte ich gar nicht und damit hatte ich auch nicht gerechnet.

Nach ein paar Tagen waren die Unterlagen dann bei mir. In großer Freude und Aufregung öffnete ich den Umschlag. Ich setzte mich hin und füllte den Bewerbungsbogen aus. Danach machte ich mich dran, mein persönliches Zeugnis aus meinem Leben zu schreiben. Ich bekam ganze 5 DIN-A4-Seiten zusammen. Ich hatte schon eine krasse Vergangenheit hinter mir. Ich nahm das Telefon und rief den Pastor in der Gemeinde an. Nach einer kurzen Wartezeit meldete er sich. Ich erzählte ihm, dass die Unterlagen aus Bad Gandersheim angekommen wären (denn wir hatten schon darüber gesprochen, dass ich mich dort bewerben möchte) und ob ich vorbeikommen könnte. Natürlich konnte ich das gleich. Ich brachte ihm das Dokument, das er als Pastor auszufüllen hatte. Das zweite nahm ich in meinen Hauskreis mit und gab es meinem Hauskreisleiter. Er erklärte sich bereit, eine Beurteilung über mich abzugeben. So bewarb ich mich Ende Juli 2009 auf der Bibelschule.

Ein Jahr Wartezeit

Nach etwa zwei Wochen bekam ich Rückmeldung aus der Bibelschule. Würden sie mich nehmen? Voller Vorfreude öffnete ich den Brief. Was ich da zu lesen bekam, ließ mir die Tränen in die Augen treiben: ‚Abgelehnt' stand dort. Sie haben mich abgelehnt. Warum denn nur, fragte ich mich in diesem Moment. Damit wollte ich mich nicht zufrieden geben. So leicht wollte ich mich nicht abwimmeln lassen. Ich entschloss mich, dort persönlich anzurufen und zu fragen, warum man mich ablehnte. Nachdem ich die Nummer gewählt hatte, musste ich eine kurze Weile warten, dann meldete sich eine junge Frau. Ich sagte ihr meinen Namen. Ich fragte sie gleich: „Ich habe von Ihnen eine Rückmeldung auf meine Bewerbung erhalten. Warum lehnen Sie mich als Schüler denn ab?“ Sie erklärte mir in ruhigem Ton: „Herr Kaufmann, diese Ablehnung hat nichts mit ihrer Person zu tun. Sie haben so eine gewaltige Vergangenheit hinter sich, dass wir glauben, dass Sie mit dem Schulischen überfordert wären. Es heißt nicht, dass Sie sich nicht mehr bewerben dürfen. Aber wir haben ihren Fall betrachtet und sind zu der Meinung gekommen, dass Sie ein Jahr warten sollten, bis Sie fester im Glauben sind.“ Ich bedankte mich und beendete das Gespräch. Ich war zu sehr verletzt und enttäuscht. Wieder nahm ich das Telefon zur Hand und wählte die Nummer der Gemeinde. Ich informierte meinen Pastor darüber, dass man mich für dieses Jahr nicht als Bibelschüler nahm. Er versuchte, mich zu ermutigen. Danach ging ich erst mal spazieren. Ich hatte schon lange eine Runde gewählt, in der ich immer eine Stunde unterwegs war und beten konnte. Ich liebte diesen Radweg.

Als ich so für mich alleine unterwegs war, fing ich an zu beten. Ich sagte zu Jesus: „Ich verstehe nicht, warum ich abgelehnt wurde. Was ist denn so Schlimmes an meiner Vergangenheit, dass irgendwelche Leute behaupten, ich wäre überfordert, ohne mich zu kennen?" Weiter sagte ich zu Jesus: „Ich weiß aber auch, dass ich dir vertrauen muss." Ich entschied mich an diesem Tag, Jesus so gut zu vertrauen, wie ich konnte, und wieder einmal wurde ich mit all seiner Liebe gesegnet. Mir wurde bewusst, dass nur Jesus weiß, was ich brauche und wann was dran ist.

Der Zerbruch

Der Pastor musste mit den Ältesten der Gemeinde gesprochen haben, denn man machte mir den Vorschlag, mit Young Mission einen Einsatz mitzumachen. Ich hatte bis zu diesem Zeitpunkt keine Ahnung, was das war. Man erklärte mir, dass Young Mission eine Gruppe Jugendlicher und junger Erwachsener wäre und sie auf die Straße gehen würden, um zu evangelisieren. Das machte mich schon neugierig. Ich fragte, was das denn kosten würde. Man nannte mir den Preis von 160,– €. Wie sollte ich das denn bezahlen? Ich war in Rente. – Aber ich hatte eines nicht bedacht: JESUS. Der Herr sagt: „Alle eure Sorgen werft auf ihn; denn er sorgt für euch" (1.Petr 5,7).

Jesus wusste, was ich brauche und wann ich es brauche. Ich war von Anfang an, als ich mich für Jesus entschied und zum ersten Mal in diese Gemeinde ging, schon gesegnet. Einige der Geschwister aus der Gemeinde entschieden sich, mich zu fördern und den Betrag zu übernehmen. So ermöglichten sie mir, ein Teil dieses Teams zu sein. So fuhr ich am 19. September 2009 mit Young Mission nach Berlin in die Volksmission. Einer der Ältesten aus meiner Gemeinde brachte mich morgens nach Crailsheim an den Bahnhof. Von dort sollte dann einer der Leiter des Teams weiterfahren. Pünktlich kam er, und nachdem wir uns begrüßt hatten, ging es auch gleich weiter. Außer ihm waren noch zwei Frauen sowie ich im Fahrzeug. Wir hatten eine lange Fahrt vor uns. Die eine Frau fragte mich: „Armin, wie lange bist du schon

Christ?" Als ich ihr sagte, dass ich erst ein paar Monate mit Jesus gehe, wollte sie genau wissen, wie es dazu kam. Ich sagte, dass sei eine lange Geschichte, worauf der Fahrer meinte: „Es ist auch eine lange Fahrt.", und lachte dabei.

So erzählte ich meine Lebensgeschichte. Sie waren beeindruckt, was Jesus an mir getan hatte. Nach mehreren Stunden erreichten wir endlich Berlin. Ich lernte Simon Schmidt kennen und den Rest des ganzen Teams inklusive der Köchin. Sie hatte das Essen schon zubereitet, als wir ankamen. Anstatt mitzuessen, zog ich mich zurück, ich wollte alleine sein. Wie ich so in den Andachtsraum ging, brach ich in Tränen aus. Ich fing einfach an zu weinen. Mir war es nicht möglich, meine Tränen zurückzuhalten. Simon kam nach kurzer Zeit zu mir und fragte: „Ist es dir nicht möglich, mit uns zu essen?". Ich drehte mich zu ihm um und fiel ihm in die Arme. Ich weinte wie ein kleines Kind. Er beruhigte mich und machte mir Mut. Ich blieb alleine im Andachtsraum zurück.

Die nächsten drei Tage brach ich immer wieder in Tränen aus. Ich wusste nicht einmal, warum ich weinte. Freitags in der Morgenandacht kniete ich vor den Stufen. Ich hatte ein weißes Hemd an, als sich eine Teilnehmerin zu mir kniete (sie hatte die Gabe der Prophetie) und ihre Hand auf meine linke Schulter legte. Ich schaute sie mit verweinten Augen an. Dann sagte sie zu mir: „Armin, es ist kein Zufall, dass du dieses weiße Hemd trägst.", worauf ich sie fragte: „Warum, was meinst du?". Sie sagte: „Als du so vor den Stufen knietest, sah ich auf deinem Rücken ein Kreuz, aus dem ein Lichtstrahl schien." Ich fragte sie wieder: „Was willst du mir damit sagen, was bedeutet das denn?". Sie sprach zu mir: „Armin, du bist reingewaschen und stehst vor Gott so weiß und tadellos da wie dein Hemd. Du bist gerechtfertigt durch das Blut Jesu Christi. Er hat dich gerecht gesprochen, deine Sünden sind dir vergeben." Ich hörte auf zu weinen und beruhigte mich. Ich erlebte, wie Gott das Alte in mir zerbrach, um etwas Neues in meinem Inneren aufzubauen.

Der „Young Mission"-Einsatz

Nachdem Gott einiges in mir zerbrochen hatte, kam in mir eine Freude auf, die ich nicht beschreiben konnte. Wir gingen jeden Tag auf die Straße, um den Menschen die gute Botschaft von Jesus Christus zu verkündigen. Als erstes waren wir am Cottbuser Tor. Was sich dort meinen Augen bot, konnte ich nicht fassen. Dort befanden sich Alkoholiker, Drogenabhängige, Prostituierte – eben von der Gesellschaft ausgeschlossene Menschen. Ich spürte die Kälte, die mir entgegenkam. Hier war die Finsternis deutlich zu spüren. Aber Jesus hatte sich genau zu diesen Menschen gewandt und begegnete ihnen mit Liebe – und das wollte ich auch tun: ihnen mit Liebe begegnen. Ich konnte ein paar Gespräche führen, aber so richtig kam ich bei ihnen nicht durch. Wir verschenkten Kaffee und etwas zu essen. Der Kaffee war schnell aufgebraucht. So ging der erste Tag unserer Evangelisation zu Ende. Für den folgenden Tag beschlossen Simon und Marvin, dass wir auf den Alexanderplatz gehen würden. Dort sollten wir uns mit ein paar Mitarbeitern der Volksmission Berlin treffen. Wir waren eine große Gruppe von Teilnehmern. Ich freute mich sehr auf diesen Einsatz. Die Mitarbeiter waren schon vor uns eingetroffen. Ein enger Mitarbeiter des Pastors der Volksmission leitete diesen Einsatz. Wir machten Musik und sangen Lobpreislieder. Einige gaben Zeugnis, was Jesus in ihrem Leben getan hatte. Wiederum andere gingen auf die Menschen zu und führten Gespräche, so auch ich. Es war ein starker Einsatz. Ich ließ mich von Jesus gebrauchen. Ich hatte richtig gute Gespräche an diesem Tag. Gegen Abend, wir waren etwa drei Stunden auf dem Alexanderplatz, fuhren wir wieder ins Gemeindehaus. Dorthin nahmen wir einen jungen Mann mit, der keine Bleibe hatte.

Am folgenden Tag ging es wieder auf den Alexanderplatz. Dieses Mal ging es auf die andere Seite dieses sehr großen Platzes. Ich schätze, dass er vier Fußballfelder groß ist. Auch an diesem Tag hatten wir tolle Gespräche. Ich hatte einen jungen Mann angesprochen, dem ich mein persönliches Zeugnis gab. Er las es und anscheinend war er beeindruckt. Er fragte mich, wie lange ich denn schon Christ wäre. Ich sagte ihm, dass ich genau fünf Monate Christ sei. Ich führte ein gutes Gespräch mit ihm. Am Ende konnte ich mit ihm das Übergabegebet sprechen, er gab sein Leben Jesus. Aber so richtig freuen konnte ich mich nicht. Ich denke, ich hatte noch nicht ganz begriffen, wie wertvoll es ist, einen Menschen zu Gott zu führen.

Leopoldsplatz

An einem weiteren Tag teilten wir uns in zwei Gruppen auf. Die eine ging an den Leopoldsplatz. Dort befand sich ein Café, das die Volksmission gekauft hatte und renovierte. Die anderen gingen wieder an den Alexanderplatz. Aber dieses Mal lief es nicht besonders gut, so brachen wir nach ein paar Stunden ab.
Am anderen Tag beschlossen wir gemeinsam, auf den Leopoldsplatz zu gehen. Auch dort bot sich meinen Augen die unterste Schicht von Menschen: Alkoholiker, Drogenabhängige usw. Ich sprach ein junges Mädchen an. Wir stellten uns gegenseitig vor. Ich fragte sie, ob ich mich zu ihr setzen dürfte. Sie sagte Ja. Sie fragte mich, wer wir seien und was wir hier machen würden. Ich erklärte ihr alles, überreichte ihr ebenfalls mein Zeugnis und sah, wie sie es las. Wieder schenkten wir Kaffee aus und boten den Menschen etwas zu essen an. Ich fragte sie, ob sie auch einen Kaffee wollte. Sie nahm ihn gerne an und erzählte mir aus ihrem Leben: dass sie von zu Hause weglief und in die falschen Hände eines Mannes kam. Dieser schickte sie auf den Strich. Ich hörte einfach nur zu und ließ sie reden; ich unterbrach sie kein einziges Mal. Weiter erzählte sie mir, dass sie dann irgendwann drogenabhängig wurde und jetzt unter Hepatitis C leiden würde. Sie zeigte mir ihre Augen, sie waren beide gelblich; sie tat mir so leid. Als sie mir ihre Augen zeigte, brach sie in Tränen aus. Sie sagte zu mir: „Armin, mir kann keiner mehr helfen.“ Dies war der Punkt, an dem ich ansetzen konnte. Ich sagte zu ihr: „Doch, es gibt jemanden, der dir helfen kann.“ Sie fragte, wer ihr helfen sollte. Ich antwortete ihr: „Jesus kann dir helfen. Du hast doch mein Zeugnis gelesen.“ Leider kam ihr Begleiter wieder, ein alkoholkranker Mann, der sie drängte mitzugehen. Sie stand auf und fing

an zu weinen. Bevor sie ging, nahm sie mich in ihre Arme, drückte mich und bedankte sich bei mir. Ich fragte mich in dem Moment, ob sie über meine Worte nachdachte und ob es reichen würde, um Jesus in ihr Leben aufzunehmen.
Ich konzentrierte mich wieder auf das Geschehen, warum wir an so einem düsteren Ort waren. Aber immer wieder musste ich an sie denken. Wieder sprach ich Menschen an, die völlig kaputt waren. So lernte ich ein anderes junges Mädchen kennen. Sie sah eigentlich ganz normal aus. Sie war in Begleitung ihres Bruders, eines Alkoholikers, und abhängig von Methadon. Ich sprach beide an, und wieder hörte ich zu. Aber dieses Mal lief das Gespräch anders. Ich konnte gleich am Anfang von Jesus erzählen. Am Ende unseres Gespräches durfte ich mit ihr das Übergabegebet sprechen. Dieses Mal freute ich mich so sehr darüber, dass ein verlorener Mensch sein Leben Jesus anvertraute und ihm die Führung überließ. Nachdem sie ihr Leben Jesus übergeben hatte, holte ich einen Mitarbeiter der Volksmission dazu und vertraute sie ihm an. Ich habe erlebt, wie Menschen in diesen Tagen ihr Leben Jesus Christus übergaben und wie Jesus diese Menschen zu sich zog. Zufrieden und glücklich fuhr ich nach diesem Einsatz mit Young Mission wieder nach Hause in meine Gemeinde.

Das Praktikum

Wieder zu Hause angekommen, erzählte ich am kommenden Sonntag in der Gemeinde von diesem Einsatz mit Young Mission und zeigte ihnen ein paar Bilder. Ich erzählte meiner Gemeinde, dass sich in diesen sieben Tagen acht bis neun Menschen zu Jesus bekehrt hatten.
Aber jetzt hatte ich wieder nichts mehr zu tun und dadurch war es mir wieder langweilig. Ich wusste nicht, wie ich meinen Tag herumkriegen sollte. So überlegte sich die Gemeinde etwas Neues: Einer der Ältesten schlug mir vor, nachdem er mit der Leitung gesprochen hatte, ein Praktikum in Lüdenscheid zu machen. Dass dies nicht in Gottes Willen war, war mir nicht klar. So willigte ich ein und fuhr nach

Lüdenscheid. Dort sollte ich in einer Wohngemeinschaft mit anderen Christen leben. Es war eine lange Fahrt. Dort angekommen, dachte ich eigentlich, dass man mich vom Bahnhof abholen würde, aber niemand war da. Zum Glück hatte ich die Anschrift. Ich kramte den Zettel aus meiner Tasche, und ab ging es zu dieser Adresse. Zu meinem Glück war die genannte Adresse auf meiner Notiz nur fünf Minuten vom Bahnhof entfernt. Ich läutete bei dem Namen, der mir gegeben wurde. Nach einer Weile hörte ich ein Summen an der Tür, mir wurde geöffnet. Ich fühlte mich sehr unwohl, hier lag eine gewisse Kälte in der Luft. Nicht nur dass es ständig regnete, nein auch die Begrüßung war mehr als oberflächlich und kalt.

Man zeigte mir mein Zimmer. Ich musste es mit einem jungen Mann teilen. Am Abend lernte ich die gesamte Bewohnerschaft kennen. Ich bereute es innerlich schon, dort hingefahren zu sein, aber ich wollte mich unterordnen und das Beste daraus machen. Ich brachte mich mit ein, nahm an den Mahlzeiten teil und machte die Dienste, die man mir auftrug. Am nächsten Morgen frühstückte man zusammen. Danach sollte ich mit zwei anderen die Küche putzen, Schränke auswischen, Boden wischen usw. Nach drei Stunden waren wir fertig. Am Mittag nahm man zusammen das Essen ein. Mittwochs in der Früh fuhr man in Gemeinschaft zur Bibelschule und zum Gebetshaus. Dort verbrachte man den Vormittag im Gebet. Nach einer Woche war ich von dieser ganzen Situation so genervt und außerdem hatte ich Heimweh. Ich wollte am liebsten nach Hause fahren, aber ich wusste, dass ich das nicht tun konnte. Denn immerhin hatten einige Geschwister der Gemeinde dies für mich möglich gemacht – also bleib ich. Ich wusste, dass von mir erwartet wurde, mich hier einzubringen. So rief ich meinen Pastor und meine gesetzliche Betreuerin (ich hatte seit längerem schon eine neue Betreuerin) an und teilte ihnen mit, dass ich in Lüdenscheid bleiben würde, wenn man mich nahm. Eine Stunde später widerrief ich meine Entscheidung. So ging das tagelang hin und her, bis meine Betreuerin mich fragte: „Herr Kaufmann, was ist da los in Lüdenscheid?“. Da konnte ich mich nicht zurückhalten, ich brach in Tränen aus. Ich sagte zu ihr: „Frau M., ich habe solches

Heimweh. Ich möchte hier einfach nur weg." Dies teilte ich auch meinem Pastor mit. Er meinte: „Armin, keiner zwingt dich, dort zu bleiben." Ich wusste jedoch nicht, dass diese Unruhe in meinem Inneren das Reden Gottes war. Gott hatte andere Pläne mit mir und er wollte mich an einem anderen Ort haben. Das sollte ich bald erfahren. Es kam, wie es kommen musste: Wieder war dieser Mittwoch, an dem wir zu diesem Gebetshaus gingen. Ich verließ die Gebetsrunde früher als meine Mitbewohner. Als die anderen kamen, fragte mich einer der Bewohner: „Warum bist du früher gegangen?". Ich sagte nur zu ihm: „Lass mich mit dem christlichen Scheiß in Ruhe!" Das hatte gesessen, er ging. Eine Stunde später, ich war gerade beim Bügeln meiner Hemden, kam der Gruppenleiter zu mir in mein Zimmer und bat mich abzureisen. Ich war in diesem Moment so glücklich. Endlich ging es nach Hause. Er gab mir den Restbetrag, den ich zu bekommen hatte. Davon kaufte ich mir eine Fahrkarte und fuhr nach Hause. Umso weiter ich mich von Lüdenscheid entfernte, umso mehr bekam ich Frieden in meinem Herzen.

Die zweite Bewerbung

Wieder zu Hause und in meiner Gemeinde wurde ich von einem Ältesten gefragt, wie es war. Ich erzählte ihm ehrlich, welche Schwierigkeiten ich hatte und dass ich zwei Tage früher nach Hause fuhr, worauf er nur meinte: „Du brauchst nicht mehr damit zu rechnen, dass wir dich unterstützen." Ich war über diese Aussage geschockt. Das wollte ich nicht auf mir sitzen lassen. Ich nahm mir vor, zu Herbert zu gehen und ihm diesen Vorfall zu berichten. Herbert meinte, ich müsse mir keine Gedanken machen, ich würde auch in Zukunft Unterstützung bekommen. Auf seinen Rat hin machte ich mir also weniger Sorgen um die Finanzen. Denn ich wusste, dass Gott mich versorgt, und ich wusste, was ich wollte: Ich wollte auf die Bibelschule, um tiefer im Glauben gegründet zu werden. So bewarb ich mich ein zweites Mal beim Glaubenszentrum, der Bibelschule in Bad Gandersheim. Ich sprach mit meinem Pastor und Herbert darüber. Ich fragte sie, ob sie dies unterstützen würden, worauf sie Ja sagten.

Der Schrei nach Liebe

Inzwischen hatte ich über eine Schwester im Herrn Robert S. kennengelernt, bei dem ich auch Seelsorge nahm. Er und seine Frau wurden mir zu guten Freunden. So sprach ich mit ihm und erzählte ihm, dass ich mich für die Bibelschule bewerben wollte. Ich wollte erreichen, dass er eine Empfehlung für mich schrieb und mir in dieser Sache half. Er erklärte sich bereit, mir zu helfen. Ich danke meinem Herrn Jesus, dass er mir so liebe Menschen wie meinen Pastor, Ehepaar Schmidt, Robert, Elena und Vanessa und viele andere in mein Leben gestellt hat. So schrieb ich nochmals die Bibelschule an und bat um Unterlagen, um mich ein zweites Mal zu bewerben. Nach kurzer Zeit waren die Unterlagen auf meinem Schreibtisch. Ich füllte den Antrag aus, mein Pastor bekam direkt das Empfehlungsschreiben von der Bibelschule. Auch Herbert bekam das Schriftstück direkt zugeschickt. Robert schrieb unmittelbar an die Bibelschule. Meine Finanzen waren vorhanden. Nachdem alle Unterlagen ausgefüllt und versendet waren, kam nach einer Woche ein Brief aus dem Glaubenszentrum. Man bot mir die Möglichkeit an, einen Schnuppertag zu machen. Das hörte sich doch schon mal sehr positiv an, dachte ich mir. Ich freute mich auf diesen Tag. Ich rief bei meinem Pastor und Robert an, sie sollten es als Erste erfahren. Dann kam dieser Schnuppertag. Ich fuhr nach Bad Gandersheim. Als ich das Gelände betrat, hatte ich so einen Frieden im Herzen, ich wusste, dass Gott mich hier haben wollte. Dieser Schnuppertag ging so schnell vorbei. Für mich war es klar, ich wollte auf diese Schule. Ich hatte dann noch ein Gespräch mit einem Mitarbeiter der Bibelschule. Er sagte zu mir beim Gehen: „Du hörst von uns, Armin.“ Eine Woche später bekam ich einen Brief aus dem Glaubenszentrum. Voller Spannung öffnete ich ihn. Ich glaubte nicht, was ich da las: Zusage. Dort stand Zusage! Man hatte mich als Schüler angenommen. Ich schrie laut ‚Halleluja‘. Ich rief sofort meinen Pastor und Vanessa an und teilte ihnen die gute Nachricht mit. Auch Robert informierte ich darüber. Sie alle freuten sich für mich und ich wusste, dass sie es ehrlich meinten. So bereitete ich mich auf den großen Tag vor, an dem es nach Bad Gandersheim ging. Ich verkaufte alle meine Möbel und erledigte alle Formalitäten. Am liebsten wollte ich jetzt sofort auf der Bibelschule sein. Es wurde von der Gemeinde ein Freundeskreis ins Leben gerufen. Der Umzugstermin sollte der 19. September 2010 sein. Die Monate schienen nicht vorbeizugehen. Aber dann war es endlich soweit. Der Tag, an dem es hieß, Abschied zu nehmen, war da. Ich ging das letzte Mal in meine Gemeinde, die so viel für mich tat, und verabschiedete mich von allen. Ich wurde offiziell ausgesandt. Ich freute mich so auf diese Zeit und ging mit großen Erwartungen auf die Bibelschule. Hans war bereit, mich zu fahren. Mit uns fuhren auch Roberts Tochter und Nils. Nach Stunden hatten wir Bad Gandersheim erreicht.

Meine Schulzeit als Bibelschüler

Ich war nun Bibelschüler. Mit mir fanden sich etwa 74 weitere Schüler ein. Wir waren ein gemischter Haufen: Es waren junge Menschen dabei sowie auch Menschen in meinem Alter. Ich wusste noch nicht, was auf mich zukommen sollte, aber ich hatte Erwartungen an Gott: Ich wollte ihm ganz nahe sein, ich wollte auch Heilung für meine kaputte Seele. Denn das war sie oder ist sie zum Teil noch. Wenn man so viele Jahre verletzt wird oder sich selbst das Leben durch irgendwelche Sünden schwer macht, kann man nicht erwarten, dass es in einem Augenblick alles wieder heil ist. Ich freute mich auf die Zeit, die vor mir lag.

Wir kamen samstags an und hatten am nächsten Tag den Eröffnungsgottesdienst. Hier war ich ganz nahe bei Gott, denn er lebte auf diesem heiligen Berg. Ich habe erlebt, wie Gott mich Stück für Stück veränderte. Mein größtes Erlebnis hatte ich am 3. Mai 2011: Ich war mit meinem Zimmerkollegen auf dem Weg in die Stadt. Wir liefen durch den Wald, um Zeit zu sparen. So mussten wir an einem Eiscafé vorbei. Wir liefen auf der rechten Straßenseite, auf der linken lief ein Mann mittleren Alters. Er hatte eine gebeugte Haltung und konnte sich nur langsam fortbewegen. Ich sagte daraufhin zu meinem Zimmerkollegen: „Siehst du diesen Mann? Ich habe den Eindruck, ich sollte da rübergehen und für ihn beten.“ Plötzlich sprach der Heilige Geist zu mir: „Geh da rüber und bete für diesen Mann.“, aber ich hatte überhaupt keine Lust. Ich wollte weiterlaufen, konnte aber nicht, denn der Heilige Geist zog mich auf die andere Straßenseite. So gingen wir, mein Zimmerkollege und ich, zu diesem Mann. Ich sprach ihn an: „Hallo, bitte entschuldigen Sie, dass ich Sie einfach so anspreche. Aber ich habe den Eindruck, ich soll für Sie beten. Dürfte ich fragen, wie Sie heißen?“, worauf der Mann sagte: „Das möchte ich nicht sagen.“ Ich sagte zu ihm: „Das ist in Ordnung, aber darf ich mich Ihnen vorstellen?“. Ich nannte ihm unsere Namen. Weiter sagte ich zu ihm: „Ich habe den Eindruck, Jesus möchte Sie heute heilen. Dürfte ich für Sie beten?“ Ich wollte wissen, was er für ein Leiden hat. Er sagte daraufhin, dass er es selbst nicht wisse. Ihm würde nur die linke Hand so wehtun, weil er sich ständig auf die Krücke stützen musste. Wieder fragte ich ihn, ob ich jetzt für ihn beten dürfte. Mich verwunderte dann doch, dass er mir plötzlich seinen Namen nannte. Ich reichte ihm die Hand und sagte zu ihm: „Es freut mich, Dich kennenzulernen.“ Ein drittes Mal fragte ich ihn, ob ich nun beten dürfte. Er sagte dann Ja. Meine nächste Frage war dann: „Darf ich Dir die Hände auflegen?“, worauf er mich fragte, was das denn wäre. Nachdem ich es ihm erklärt hatte, erlaubte er es mir. Ich schloss meine Augen und betete zu Jesus. Ich sagte: „Jesus, ich weiß, dass ich nichts aus mir machen kann, aber ich möchte mich dir zur Verfügung stellen und ich bitte dich, dass du jetzt kommst und diesen Körper komplett wiederherstellst.“ Als ich so gebetet hatte, schrie er plötzlich ganz laut meinen Namen: „Armin!“. Ich ließ mich nicht aus der Ruhe bringen, ich betete weiter und dankte Jesus für die Heilung. Was dann geschah, nahm ich erst gar nicht wahr. Der Mann richtete sich auf, sodass er gerade vor uns stand. Zuerst nahm er meinen Zimmerkollegen in den Arm, dann drehte er sich zu mir und nahm mich in den Arm und drückte mich an seine Brust. Dann nahm er seine Krücke in die Hand und lief kerzengerade davon – und das in einem ziemlich schnellen Tempo. Erst als er am Ende der Straße stand, bemerkte ich, dass er geheilt war. Ich freute mich so sehr über die Heilung, Lob und Dank sei unserem Herrn Jesus. Dieses Erlebnis hat sich so in mein Herz gebrannt.

Der Schrei nach Liebe

Dann gab es noch ein weiteres Wunder für mich: Ich war wieder einmal mit Young Mission im Einsatz. Dieses Mal waren wir 40 Jugendliche (ich zähle mich dazu :-)) und unser Einsatzziel war Ulm. Ich durfte erleben, wie mich Jesus gebrauchte. Ich konnte in nur sieben Tagen 19 Menschen zu Jesus führen. Um das Evangelium zu erklären, benutzte ich einen sogenannten „Evangeliums-Würfel". Dies ist nur eines von vielen Wundern, die ich mit Jesus erlebt habe.

Es gab noch viele weitere Wunder in meinem Leben, seit ich mit Jesus gehe: Ich habe erlebt, wie Jesus mich von meiner psychischen Erkrankung völlig gesund gemacht hat. Ich habe erleben dürfen, dass Jesus mich von Nikotinsucht, Kaufsucht, Depressionen und vielem mehr frei gemacht hat. Und das schönste für mich: Ich durfte in den drei Jahren, die ich jetzt mit Jesus gehe, schon viele Menschen zu ihm führen. Jesus gab meinem Leben einen völlig neuen Sinn – und das kann er Ihrem Leben auch geben. Er gab mir eine sinnvolle Aufgabe. Er hat mich berufen, sein Evangelium zu verkündigen. Er hat mich berufen, ein Evangelist zu sein. Und mein Leben soll ihn ehren. Ich lebe nur für meinen Herrn Jesus und um ihm zu dienen.

Gott segne Sie und Ihre Familie.

Und es geht weiter!!!

Printed by Books on Demand GmbH, Norderstedt / Germany